リスクマネジメントの実践ガイド

三菱総合研究所
実践的リスクマネジメント
研究会　編著

ISO 31000 の組織経営への取り込み

日本規格協会

まえがき

　リスクマネジメントが大きく変わろうとしている．その契機の一つは，2009年11月15日に発行されたISO 31000である．
　これまで，リスクマネジメントは，好ましくない影響のコントロールを行う活動という認識があった．それは，リスクの概念が，危険やネガティブな結果を想定させたからである．しかし，リスクマネジメントは，リスクの定義が2002年に発行されたISO/IEC Guide 73により変更されたことにより，大きく変化した．
　これまでのリスクマネジメントでは好ましくない影響を管理することの重要性が強調されてきた．しかし，実際の組織経営の判断は，ポジティブな影響を主体として計画が立てられる場合が多く，ネガティブな影響を小さくするという視点だけでは，必ずしも最適な経営判断ができなくなってきている．
　したがって，リスクマネジメントをより広く実効性のある技術として展開するためには，現実の判断を支援できるフレームが必要となった．
　この課題に対して，ISO/IEC Guide 73（リスクマネジメント用語規格）やISO 31000（リスクマネジメント規格）では，好ましくない影響と好ましい影響を共にリスクとして扱うことにより，リスクマネジメントの有効性を拡大しようとしている．しかし，リスクの概念を広くすると，これまでリスクマネジメントとして整理されてきたいくつかの概念の変更も必要となってきた．リスク対応の一つとして"リスク低減"という概念がその例である．リスクが好ましくない影響のみをもつものとしている状況では，低減という考え方が当たり前であったが，リスクの概念に好ましい影響も含めるとリスクは必ずしも低減すればよいものとはいえなくなった．そこで，現在では，リスクの最適化という概念がでてきている．
　しかし，リスクの最適化という概念は，その理解を誤ると大きな混乱をもた

らす可能性がある．ここでいうリスクの最適化とは，単なる期待値の最大化ではない．リスクの最適化を期待値の最適化というように理解をすると，好ましくない影響が大きくても，それを上回るポジティブな影響がある場合には，そのリスクを受け入れることが無批判に行われることになる．しかし，社会においても組織においても，いくらポジティブな効果が期待されても，一定以上の好ましくない影響がある場合にはそのリスクを受け入れられない場合があることは，当然のことである．

したがって，リスクの最適化に際しては，評価の第1ステップとして，受け入れられない好ましくない影響の顕在化をある発生確率以下まで下げることが重要である．その後，評価の第2ステップとして好ましい影響と好ましくない影響の組合せの最適化を行うこととなる．以上の考え方を規格として成立させようというのが，ISOのワーキンググループで，検討されたISO 31000に代表される最新のリスクマネジメントのフレームである．

しかし，ISO 31000は，リスクマネジメントの具体的な実施実績を基に作成されたというよりは，リスクマネジメントはいかにあるべきかという視点で各国の代表者によって討議されつくり上げられたものである．したがって，この規格を基にリスクマネジメントを展開しようとしたときに，その実現の姿が見えにくいという課題がある．

本書は，そのような問題を少しでも解決するために，ISO 31000の考え方を含めた最新のリスクマネジメントの事例を紹介するものである．

本書が，多様な分野で参考になることを願っている．

2010年3月

執筆者を代表して
野口　和彦

目　次

まえがき

第1章　リスクマネジメントの全体像

- 1.1　リスクマネジメントの意義 …………………………………………… 11
  - 1.1.1　リスクマネジメントの動向 ………………………………… 11
  - 1.1.2　リスクマネジメントの目的 ………………………………… 13
  - 1.1.3　リスクマネジメントの本質の理解 ………………………… 14
- 1.2　企業を取り巻く多様なリスクと機能 ………………………………… 18
  - 1.2.1　リスク概念の変遷 …………………………………………… 18
  - 1.2.2　企業組織におけるリスク …………………………………… 23
  - 1.2.3　企業に必要なリスクマネジメント機能 …………………… 26
- 1.3　リスクマネジメントに必要な要素 …………………………………… 35
  - 1.3.1　リスクマネジメントの実施体制 …………………………… 35
  - 1.3.2　リスクマネジメントのステップ …………………………… 37
  - 1.3.3　リスクマネジメントにおける判断について ……………… 40
  - 1.3.4　リスクマネジメントシステムのポイント ………………… 45
- 1.4　リスクマネジメントの基盤となる風土 ……………………………… 47

第2章　企業経営に求められるリスクマネジメント

- 2.1　推進体制の確立 ………………………………………………………… 51
  - 2.1.1　経営の目的とリスクマネジメント環境の整備 …………… 51
  - 2.1.2　リスクマネジメントプロセス ……………………………… 52
  - 2.1.3　リスクマネジメントシステムの維持と継続的改善 ……… 53
- 2.2　全社経営の視点によるリスクの把握 ………………………………… 54
  - 2.2.1　リスクの特定 ………………………………………………… 54

2.2.2　リスクの大きさの把握 …………………………………… 59
　　　2.2.3　リスク評価 …………………………………………………… 62
　2.3　個別分野のリスクマネジメントの展開 ………………………… 67
　　　2.3.1　個別分野のリスクマネジメントの対象 …………………… 68
　　　2.3.2　個別分野のリスクマネジメントの実践組織 ……………… 69
　　　2.3.3　個別分野のリスクマネジメントの結果の取扱い ………… 71
　2.4　リソースの配分と注意事項 ……………………………………… 71

第3章　経営と現場部門に求められるリスクマネジメントの仕組み

　3.1　活動体制の構築と適切な運営 …………………………………… 75
　　　3.1.1　組織経営と現場部門をつなぐ
　　　　　　リスクマネジメントの問題点 …………………………… 75
　　　3.1.2　経営と現場をつなぐ仕組み ………………………………… 77
　3.2　現場部門のリスク抽出の観点 …………………………………… 78
　3.3　実践するリスクマネジメントのレベル ………………………… 79

第4章　個別分野のリスクに対するリスクマネジメント

　4.1　新事業の実行におけるリスクマネジメント …………………… 83
　　　4.1.1　事業推進の仕組み …………………………………………… 83
　　　4.1.2　新事業に必要な事業計画の修正に関する
　　　　　　リスクマネジメント ……………………………………… 86
　　　4.1.3　オプション思考 ……………………………………………… 87
　4.2　調達リスクに対するリスクマネジメント ……………………… 89
　　　4.2.1　調達すべきモノのリストアップ …………………………… 89
　　　4.2.2　分析フレームの設定 ………………………………………… 90
　　　4.2.3　調達リスクのアセスメント ………………………………… 90
　　　4.2.4　対応方針と対策立案 ………………………………………… 92
　　　4.2.5　対策の実践とモニタリング ………………………………… 93

4.3 与信リスクに対するリスクマネジメント ······················· 93
 4.3.1 与信リスクマネジメントの方向性の確認 ··················· 94
 4.3.2 分析フレームの設定 ······································ 95
 4.3.3 与信リスクのアセスメント ································ 95
 4.3.4 対応方針と対策立案 ······································ 96
 4.3.5 対策の実践とモニタリング ································ 96
4.4 情報リスクに対するリスクマネジメント ······················· 98
 4.4.1 情報の管理方針の整理 ···································· 98
 4.4.2 分析フレームの設定 ····································· 100
 4.4.3 情報リスクのアセスメント ······························· 100
 4.4.4 対応方針と対策立案 ····································· 102
 4.4.5 対策の実践とモニタリング ······························· 103
4.5 安全分野におけるリスクマネジメント ······················· 104
 4.5.1 ISO 31000 の視点から見た安全分野への
    リスクマネジメントの適用 ······························· 104
 4.5.2 リスクが危機に変わるとき ······························· 120

第5章 事業継続マネジメントの紹介

5.1 事業継続マネジメントとは ································· 125
 5.1.1 活動の枠組み ··· 126
 5.1.2 PDCA サイクル ·· 128
 5.1.3 事業継続計画の文書体系 ································· 130
5.2 事業影響分析 ··· 133
 5.2.1 バリューチェーンアプローチ ····························· 133
 5.2.2 経営資源の構造化 ······································· 138
 5.2.3 ボトルネックの特定 ····································· 139
5.3 対象脅威の例 ··· 140
 5.3.1 脅威の類型化 ··· 141

　　　　5.3.2　短期対応と長期対応 ………………………………………… 143
　　5.4　事業継続対策 ……………………………………………………… 144
　　　　5.4.1　対策検討のフレームワーク ………………………………… 145
　　　　5.4.2　対策選定の論点 ……………………………………………… 146
　　　　5.4.3　対策の応用性 ………………………………………………… 148

あとがき ………………………………………………………………………… 153
参考文献 ………………………………………………………………………… 155
索　　引 ………………………………………………………………………… 157

コラム
　リスクマネジメントは経営者の権利であり義務 …………………………… 50
　目標達成のために経営者が実施すべきこと ………………………………… 72
　リスクマネジメントにおけるアカウンタビリティと検証 ………………… 81
　与信リスクと営業リスクは不可分？ ……………………………………… 123
　要請から交渉へ，交渉から合意へ，合意の先には ……………………… 151

編者・執筆

株式会社三菱総合研究所　実践的リスクマネジメント研究会

主　査　　　野口　和彦

執筆協力　　野邊　　潤　　佐藤　　洋
　　　　　　義澤　宣明　　氷川　珠恵
　　　　　　佐藤　　誠　　鈴木健二郎
　　　　　　中嶋　壮一　　小堀　紀子
　　　　　　加藤　陽介　　古屋　俊輔
　　　　　　丸貴　徹庸　　西　　秀之
　　　　　　福成　　洋　　瀧　陽一郎
　　　　　　七森　泰之　　木根原良樹
　　　　　　元田謙太郎　　柴田　高広
　　　　　　堤　　一憲　　辻　　禎之
　　　　　　大熊　裕輝　　石井　　和
　　　　　　豊田　聖史　　吉元　怜毅

第 1 章　リスクマネジメントの全体像

1.1　リスクマネジメントの意義

　リスクマネジメントは，本来不確かな要素をいかにその特徴を把握して取り扱うかというところに意義がある．

　リスクマネジメントは，組織内の様々なマネジメントと連携した活動である．したがって，リスクマネジメントは，単独でも他のマネジメントと連携しても活用することができる．さらにいえば，あらゆるマネジメント活動の中にリスクマネジメントの感性を取り込むことも可能である．リスクマネジメントを有効に活用するためには，リスクマネジメントはリスクマップを作成するものだというように，その形式で理解しないことである．リスクマネジメントの本質を理解すれば，あらゆる活動の中でリスクマネジメントは活きてくる．

1.1.1　リスクマネジメントの動向

　社会や組織が高度化するとそのリスクは大きくなる．それは，機能が拡大し複雑になればなるほど，その機能が失われたり管理できなくなったりした場合の影響が大きくなるからである．また，多くの事象が連鎖してくるようになり，個々の事象へのリスク対策が新たなリスクを生み出すことも多くなる．このような状況に対処するためには，リスクマネジメント自体の高度化が必要になってきている．

　現代のリスクマネジメントは，この社会的に大きな影響をもたらす災害・経済問題から，組織経営や現場の事故・不祥事対応まで，多くの分野に適用されている．しかし，リスクマネジメントに関する理解は，分野横断的に一様のものではない．これまでのリスクマネジメントは，保険，安全などそれぞれの分

野でその分野に応じた手法として適用されてきたため，その分野の目的に合わせて理解され，その手法が確立されてきたからである．

しかし，リスクマネジメントが，社会や組織全体のマネジメント手法として使用されるようになると，その用語及びプロセスに関する標準化が求められるようになった．このような要望に応え，リスクマネジメント用語の規格として，国際標準化機構（International Organization for Standardization：以下 ISO と記す）と国際電気標準会議（International Electrotechnical Commission：以下 IEC と記す）により ISO/IEC Guide 73（2002 年）が制定された．

さらに，2005 年には ISO 内に設置されたワーキンググループにおいて，リスクマネジメントの標準化検討が開始され，2009 年 11 月 15 日にリスクマネジメントの指針規格である ISO 31000 が発行された．また，ISO 31000 の検討と並行して，リスクマネジメント用語（Guide 73:2002）の改正も検討され，ISO Guide 73:2009 として，ISO 31000 と同じ時期に発行された．

ISO 31000 により，リスクマネジメントは，各分野の好ましくない影響の管理手法というレベルから，組織目標を達成する手法へと進化した．

この最新のリスクマネジメントの考え方は，リスクを組織の目標達成に影響を与える要因ととらえ，組織の目標達成を支援するものとして，ISO 31000 に集約されている．新たなリスクマネジメントの考え方を示した ISO 31000 は，経営の最適化を目指すマネジメント規格ともいえる．

ISO 31000 では，この規格により，以下のことが可能になるとしている．

・目的達成の可能性を増加させ，事前管理を促す．
・組織全体でリスクを特定し，対応する必要性を認識し，好機と脅威の特定を改善する．
・関連する法律及び規制の要求事項並びに国際的な規範を順守し，義務的及び自主的報告を改善する．
・統治を改善し，ステークホルダの信頼と信用を改善する．
・意思決定と計画のための信頼できる基盤を確定し，管理策を改善する．
・リスク対応のために資源を効果的に割り当てて使用し，業務の有効性と

効率を改善する．
・健康や安全のパフォーマンスと共に環境保護を高める．
・損失の予防と事態管理を改善し，損失を最小化する．　等

ISO 31000 のリスクマネジメントの考え方とこれまでのリスクマネジメントの考え方と差異を整理すると以下のようになる．

① **リスクの影響を好ましくない影響に限定していない**

リスクを"諸目的に対する不確かさの影響"と定義し，その影響には好ましい影響も好ましくない影響も含まれるとしている．このことは，主として好ましくない影響を取り扱う安全分野においても，設備や活動自体を事故の管理対象としてだけ見るのではなく，何がしかのプラスの影響を来たして存在しているものであることを同時に考えることが，組織マネジメントを最適化するためには重要であることを示している．

② **リスクを組織目的の達成に影響を与える要素ととらえる**

このことは，目指す組織目的達成に影響を与える影響は何かという視点でリスクを検討することの重要性を示している．

③ **リスク分析に先立って，リスクに影響を与える環境を調査することを求めている**

このことは，リスクが状況に応じて変わり得ることを示している．このことを認識すれば，リスク分析は常に最新の環境条件を反映したものが必要であることがわかる．

ISO 31000 の構造を，図1.1 に示す．

1.1.2　リスクマネジメントの目的

リスクマネジメントを実施する目的は，リスクの取扱い方を最適にして，この組織目的の達成を支援することにある．最適化とは何かということの答えは難しい．それは，リスクマネジメントの対象となる経営目的ごとに異なるからである．経営において個々に望ましいことを一つひとつ示すことは，それほど

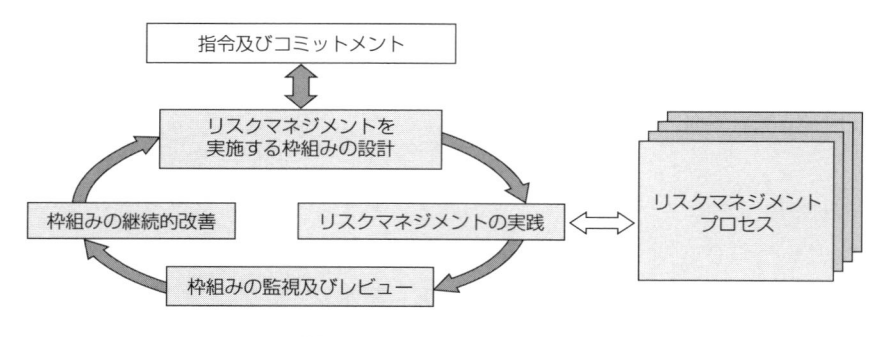

図 1.1 ISO 31000 の構造図

難しくないかもしれない．しかし，その最適の組合せを組織の目的として設定しようとすると大変難しいものになる．適切な組織目的を設定するためには，組織目的の達成に影響を与える可能性のある事象を把握し，その取扱いについて検討をしておく必要がある．

また，リスクマネジメントは，個別のプロジェクトや事象分析においても適用されるものである．この場合は，組織の限られた部署や事象が分析の対象となる．

リスクマネジメントの最終的な目的は，意思決定を支援することであって，リスクを精度よく分析することではない．リスクマネジメントでは，分析情報による合理的な判断を行うことが重要なのである．リスク分析は，その意思決定を支援するために行うものでなくてはならない．したがって，リスク分析では，意思決定や判断ができるような分析を行わなければならない．しかし，ここで注意すべきことは，分析された情報はあくまでも意思決定者を支援するものであって，分析データによって自動的に活動の優先順位が定まるわけではないということである．

1.1.3 リスクマネジメントの本質の理解

リスクマネジメントを有効で効果的なものにするため，リスクの分析手法を

学ぶとともに，リスクマネジメントの考え方を正しく理解する必要がある．

(1) リスクマネジメントは価値を創造する

　ISO 31000 では，リスクマネジメントを"価値を創造する"ものととらえている．このことは，これまでのリスクマネジメントの考え方と基本的に差異はない．安全分野でのリスクマネジメントも，事故や災害を減少し，企業価値や社会価値を増大させてきたからである．しかし，従来の一般的な認識では，リスクマネジメントは，好ましくない影響を小さくするという視点で考えられていた．一方，価値の増大というと，利益を大きくしたり新製品を生み出したりというように好ましい影響を増大させるという視点で語られることが多かった．

　ISO 31000 では，好ましい影響の増大も，好ましくない影響の減少も共に，組織の価値を生み出しているということを明確に言及している．このことは，リスクマネジメントを考える上で大変重要なことであり，リスクの影響について好ましい影響と好ましくない影響の双方を対象としているという概念を支える基盤となる視点である．つまり，好ましい影響と好ましくない影響とのバランスを考えるということは，両者を互いに相反するものととらえるのではなく，価値創造の最大化ととらえることができるということである．

(2) リスクマネジメントは不確かさを前提とする

　組織の様々なマネジメントの中でリスクマネジメントの特徴といえるのは，不確かさへの対処である．したがって，リスクマネジメントを実施する際には，まず，不確かなものを不確かと認識することが大切である．そしてその不確かさが組織目的に与える影響を考え，その目的達成の重要さを鑑み対応を考えることである．

(3) 経営として把握するリスク

　組織において実施するリスクマネジメントは，経営者の責任において実施すべき業務であり，一担当者に責任を負わせるものではない．また，管理する対

象は，起きてしまった事故や不祥事ではなく，これから影響を与える可能性のある"リスク"であることを理解しておく必要がある．そして，組織として考えるべきリスクは，組織自体や従業員に影響を与えるリスクと，組織が消費者や社会に対して与える可能性のあるリスクの両方であることを認識しておく必要がある．

（4）一貫性を求めるリスクマネジメント

リスクマネジメントは思いつきや思い込みで実施するものではなく，分析から対策まで一貫した視点で実施しなくてはならない．リスクマネジメントの分析手法は失敗した事象の分析にも使用可能であるが，リスクマネジメントの本質は，事前検討にある．したがって，リスク変化の予兆をとらえ，リスクに効率的に対応することが，より効果的なマネジメントの実施のためには重要である．すなわち，リスクマネジメントは，リスクが顕在化し実際に好ましくない影響を与えられる前，若しくは好ましい影響を得られる機会を逸する前に実施する必要がある．

リスクマネジメントを効果的に実施するためには，その分析が合理的に実施される必要がある．リスクには，統計的な考察が難しい場合や起こりやすさなどのリスクの要素を客観的に検討することが難しいときもある．しかし，そのような場合でも，経験に基づき，可能な限り納得性の高い方法でリスクに対する検討を行うことが必要である．

リスクの分析に際しては，その分野の専門家であっても，見解が異なる場合もある．その場合には，リスクの不確かさとしてその見解の差異を考慮に入れることが望ましい．さらには，分析のデータ，手法の特徴や限界を認識することによって，意思決定者に対して，より望ましい情報を提供することができる．

リスクマネジメントは画一的なものではなく，導入する組織の特徴に応じて，柔軟に運用されるものである．リスクマネジメントは，その形にこだわることなく，本質を理解し，組織として運営が可能で効果が出るように設計することができる．組織の規模，組織内の役割構成，責任者の資質によっても，リスク

マネジメントの仕組みは，異なってくる．

(5) リスクマネジメントの透明性

リスクマネジメントに関しては，あるリスクへの対応がすべての人にとって賛同できるものとは限らないため，組織内のステークホルダの存在にも十分に配慮する必要がある．

リスクマネジメントでは，その意思決定がなぜ行われたかが明らかでなくてはならない．そのためには，決定される意思とその前提となった情報との関係が明らかになっている必要がある．

(6) 変化への対応と継続的改善

また，リスクは状況に応じて変化する．したがって，現状のリスクは定期的に見直す必要がある．特に，リスクに変化を与える可能性のある環境が変わった場合には，リスクが変化する可能性を検討する必要がある．

さらに，リスクと同様にリスク評価の基礎となるリスク基準も，社会状況に応じて変化する場合がある．リスク基準とは，組織の諸目標，並びに組織が置かれている内部及び外部の状況に基づき決定されるリスクの重大性を評価するための目安となる諸条件のことである．

リスク基準が適切かどうかは，常にステークホルダの価値観の変化に留意しながら検討しておくことが重要である．

リスクマネジメントの理想的な状況を短期的に構築することは難しい．リスクマネジメントは，改善を継続することによって理想的な状況に徐々に近づいていく．換言すれば，最初の段階から完璧な状況を目指す必要はないし，またその実現性は極めて小さいといえる．最初の段階では，ISO 31000 に述べている状況と比較して，いろいろと課題が出てくるはずである．マネジメントの課題を見極め，一つひとつ改善していくことを継続的改善と呼ぶ．

(7) マネジメントシステムとしての特徴

リスクマネジメントをマネジメントシステムとしてとらえると，その特徴はリスクマネジメント自体には，目的を定めるところがないということにある．リスクマネジメントが，その達成を支援する組織の目的は，社会や組織の経営の視点で定められるべきものである．

この組織目的が明らかにならないかぎり，その組織におけるリスクを定めることはできない．

さらに，リスクマネジメントを実施することにより組織のマネジメントは，改善されなくてはならない．したがって，リスクマネジメントを実施することによって，対象となった事象のリスクは最適化されても，リスクマネジメントの実施により，他の業務に好ましくない大きな影響が出るようでは，リスクマネジメントの目的を達成したとはいえない．このような状況を防ぐためには，リスクマネジメントに必要なリソースを開始以前に，その必要十分性や合理性に対して検討を行う必要がある．

このことは，リスクマネジメントの成果を上げるためにも重要なことである．

経営者は，自組織で実施しようとするリスクマネジメントの内容をよく理解しておく必要がある．達成しようとする組織目的が高度であればあるほど，リスクマネジメントに必要となるリソースも多くなる．

リスクマネジメントがその目的を達成するためには，リスクマネジメント環境をよりよくすることが必須である．

1.2 企業を取り巻く多様なリスクと機能

1.2.1 リスク概念の変遷

(1) これまでのリスクの考え方

リスクに対する概念は，リスクマネジメントの適用が拡大するにつれて，変化してきている．一般的には，リスクとは何らかの危険な影響，好ましくない影響が潜在することと理解されてきた．

これまでのリスクの定義例を以下に示す．
 ① 米国原子力委員会：リスク＝発生確率×被害の大きさ
 ② MIT：   リスク＝潜在危険性／安全防護対策
 ③ ハインリッヒの産業災害防止論：
$$\text{リスク}＝\text{潜在危険性が事故となる確率}$$
$$×\text{事故に遭遇する可能性}$$
$$×\text{事故による被害の大きさ}$$

これまでリスクマネジメントは，多くの場合，前述のとおり好ましくない影響をコントロールすることだと理解されてきたことが多かった．しかし，2002年に発行されたISO/IEC Guide 73（以下，Guide 73:2002という）によってリスクの概念は変化した．次にその概要を示す．

（2）新たなリスクの概念――Guide 73のリスクの定義

ISO/IECでは，多分野で使用されているリスクマネジメントの共通の理解を促進するために，多分野で使用されているリスクマネジメントの用語の標準化を行い，規格として取りまとめた．

現在のリスクの概念は，その影響の観点を，安全を阻害する危険性のように好ましくない影響には限定されてはいない．ここではリスクは顕在化した影響として，好ましくない影響と好ましい影響を共に含み，また期待値から乖離しているものとして定義づけられたのである．そしてリスクマネジメントは，好ましくない影響の管理手法から不確かさを取り扱うマネジメントとして有効性が拡大した．

その最初の試みは，2002年にISO/IEC Guide 73として取りまとめられた．さらに，リスクマネジメント規格ISO 31000を策定するに際し，用語規格であるGuide 73:2002の見直しが行われ，2009年にISO Guide 73（以下，Guide 73:2009という）として改正された．

① Guide 73:2002 のリスクの概念

Guide 73:2002 では,リスクを次のように定義した.

"事象の発生確率と事象の結果の組合せ".

ここで,リスクの要素である"結果(consequence)"の定義の注記2には,"結果は好ましいものから,好ましくないものまで変動することがある"と記述されている.リスクの影響は好ましいものから好ましくないものまで変動するとしたことにより,リスクが必ずしも危険等の好ましくない影響をもつものだけとは限定されなくなった.

事象の結果という概念は,リスクを考える上では,あくまでも顕在化する可能性のある結果の概念である.つまり,顕在化が予想される結果であるので,顕在化する以前のリスクという段階の認識においては,その結果の種類や大きさには複数の可能性があるということである.当然その結果が顕在化した状況では,可能性の一つだけが現出することとなる.例えば,ある投資を伴う事業の結果としては,利益が出る場合も損害が出る場合も可能性として存在する.この場合,損をする可能性だけを考えて,損を最小化することだけを目的とすれば,その事業の利益を得る期待値自体も最小化することにもなりかねない.管理の対象としては,利益(好ましい結果)と損失・被害(好ましくない結果)を分離して管理できるものと,一体の管理対象として初めて管理が可能となる対象があるということである.このような議論を重ねた後,リスクの要素である"事象の結果"には,好ましくない結果から好ましい結果に至る幅がある場合があるという備考が記されることとなった.

② Guide 73:2009 の考え方

その後,2009年に発行されたISO Guide 73では,さらに検討が加えられ,リスクは,"目的に対する不確かさの影響"と定義された.そして,注記として,"影響とは,期待されていることから,好ましい方向及び/又は好ましくない方向にかい(乖)離すること"と記されている.そして,目的は,"例えば財務,安全衛生,環境に関する到達目標など,異なった側面があり,戦略,

組織全体，プロジェクト，製品，プロセスなど，異なったレベルで設定されることがある"とされている．

　目的に対する不確かさの影響という概念は，目的の達成に対して，何らかの原因（原因の不確かさ）が，何らかの条件下（起こりやすさや顕在化シナリオの不確かさ）によって起こる何らかの影響（影響の不確かさ）の可能性をリスクとして定義したということである．

　"結果"の注記の中では，Guide 73:2002 に記載されていた安全分野への注記はなくなっているが，安全分野において，引き続き従来のリスクの考え方を踏襲しても問題はない．最新の Guide 73:2009 で，安全への注記を外した背景には，安全を考慮する際にも，安全という分野だけでの対応では十分な成果が得られず，組織全体のマネジメントの中で正しく位置づけられることを求めていることを示唆している．

　Guide 73:2009 において，リスクを"目的に対する不確かさの影響"と定義したのは，リスクを定めた目的に対して好ましい方向か否かにかかわらず，影響をもたらす可能性があるものと定めたということである．これはつまり，ある目的を達成するためには，好ましくない影響が存在するとわかっていても，好ましくない影響をもつリスクをとることも必要であることを示している．

　この概念の変化に対する理解は，重要である．この考えの基本は，影響をもたらす潜在性は，その方向性までを規定しているわけではないことを示しているからである．爆発の被害をもたらすエネルギー源も，その影響を適切にコントロールすれば，適切な動力源となる．重要なことは，そのエネルギー源のもつ影響をより好ましい方向に導くことである．

　このことは，社会や組織において好ましくない影響への対処への重要性を損なうものではない．リスクマネジメント手法自体は，何らかの許容レベルを示すものではない．

　リスクの本質は，何がしかの影響があることと，その不確かさにある．特に，リスクマネジメントの必要性と難しさをもたらす原因は，その不確かさにある．

③ 好ましい結果と好ましくない結果という概念

この好ましい，好ましくないという概念には，二つのとらえ方がある．このことは，これまでの一般的なリスクマネジメントにおいては，理解が難しいこともあるかもしれない．一つは，文字どおり社会的に好ましい，好ましくないと考えられている価値観によって判断される双方の影響である．もう一つは，期待値からの乖離の方向が，好ましい方向か，好ましくない方向かによって定まる場合である．利益が出てもその数値が期待しているものよりも少なければ，好ましくない結果となる．

また，好ましい影響と好ましくない影響は，同じ種類の影響の増減である場合もあれば，異なる種別の影響である場合も考えられる．

前者の典型的な例に，投資に関する判断がある．投資に関する主な影響は，予想よりも利益が増える又は減るという利益に関する双方の可能性が常にある．この場合，たとえある額の利益を得るとしてもその額が目標よりも低ければ，差額は好ましくない影響として整理されるものである．

また，後者の例としては，ある分野の投資を強化することによって，利益が増加したり消費者からの評判が上がるという好ましい影響が考えられると同時に，その投資を行うために安全投資を削除したことで事故が増えたり，投資をある分野に集中することによって他の機会を逸する等の好ましくない影響が発生する場合が挙げられる．このときに注意をしなくてはならないのは，このリスク分析をその投資の責任者が行えば，投資がもたらす好ましい影響に注意を奪われ，他の機会の損失などの投資とは関係のない影響を見過ごしがちなことである．

また，好ましい，好ましくないという概念は，利益，被害という社会的価値におけるプラスやマイナスの概念を指すと限定されているわけではなく，期待値からの乖離の方向性を指す場合もある．例えば，20億円の利益を出す可能性が大きいとしても，もともとの目標が30億円の利益を出すことである場合は，10億円の好ましくない影響をもたらすリスクがあると判断される．また，安全という本来好ましくない影響だけを目標としてきた分野においても，目標

とした安全目標よりもさらに安全な結果が得られる可能性は，好ましい影響をもたらすリスクが存在すると考えることとなる．

　リスクマネジメントを実際の組織の意思決定において活用しようとする場合，好ましい影響と好ましくない影響との双方を考慮して判断を行うという概念は，非常に重要である．

　このことは，決して安全などの好ましくない影響の管理に対する軽視ではない．むしろ，利益等の観点から方針を決定し，安全などのチェックが二次的判断条件とすることを防ぎ，意思決定の段階から好ましくない影響についての管理を確実に検討することを求めているものである．リスクマネジメントにおいては，施策や運用などの多方面への影響を考えることが重要となるのである．

　なお，注意が必要なのは，ここでの議論は好ましい結果（positive consequence），好ましくない結果（negative consequence）という概念のことであり，好ましいリスク（positive risk），好ましくないリスク（negative risk）という概念ではないということである．結果の期待値，又は中央値としては，好ましい結果の領域になることも，好ましくない結果の領域になることも想定されるが，リスクを考える場合は，結果の中央値によってリスクの種類が規定されるということではなく，あくまでも，結果の分布がどのような分布をもっているかが，リスクの特性を規定するものであることを認識しておくべきである．したがって，好ましいリスクや好ましくないリスクという表現は，表現自体がふさわしくない．

1.2.2　企業組織におけるリスク

　ISO 31000 によれば，リスクの定義は 1.2.1 項で記したように変化している．
　では実際，企業などの組織におけるリスクはどのように考えるのであろうか．企業などの組織が事業を運営する際，組織全体として抱えるリスクを概念的に表現したものを図 1.2 に示した．この図において，横軸は事業などの経過時間（未来）を示し，現在を原点としている．縦軸は事業などによってもたらされる結果の良し悪しを表現しており，上に行くほどよい結果であることを示して

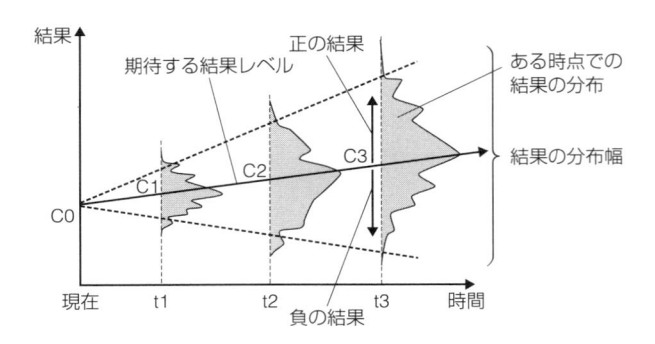

図 1.2 企業などの組織におけるリスクの概念

いる．

　一般に組織は，事業目的をもち，それを目標として達成するために日常の業務を実践していく．その姿が図中の"期待する結果レベル"の矢印（C0 → C1 → C2 → C3 を結ぶ直線）で示されるものである．何を指標にとるかは組織によっても異なるが，横軸は1年，2年といった暦年だったり，縦軸は収益指標となったりする．

　ただし，実際の事業を行うと，想定どおりに期待する結果のラインを進むとは限らず，結果はある程度の"ばらつき"の範囲にずれていくものである．この"ばらつき"をもつために，事業はその結果とその発生確率の大きさによって表現されることになる．また一般に"ばらつき"は，期待する結果レベルはより好ましい側（図の上方）と好ましくない側（図の下方）への分布の双方を具備しており，それぞれ正の結果と負の結果の両側面をもっていることがわかる．

　ISO 31000 では，リスクの定義や枠組みにおいて"目的"という言葉が多用されているが，これは組織においてどのような事業の目的をもちその到達する姿（目標）をあらかじめ考えることに通じる．

　以上が組織活動を行う企業等におけるリスクの本質である．

　では，図1.2のように結果の可能性の分布を大きくさせるような要素には具

体的にどのようなものがあるだろうか．その一例を表1.1に示す．

表では，経営の意思決定により生じるものを"戦略的リスク"と呼び，組織の日常業務に潜むものを"業務的リスク"と呼び分類している．

戦略的リスクの要素としては，新しい収益確保をもくろむような"事業投資"や事業の強化や効率性を高めるための"企業買収・事業売却"，事業拠点の拡大や整理を目的とする"海外進出・撤退"，さらには業務のやり方を大きく変更するような"業務改革"などが相当する．これらは，何らかの将来の目的のために主に経営陣によって意思決定されるものである．その結果は当然，目的を達成する場合もあれば，想定どおりにはいかない場合もある．これらの要素は図1.2の姿そのものを示していると解釈することもできる．

一方，業務的リスクの要素としては，何らかの事業の目的達成のための活動の中で生じる可能性のあるものである．提供する製品やサービスの品質を確保することや，メーカーであれば製品を製造するための原材料を過不足なく調達することや，さらには，目標どおり販売をもくろむ営業活動などが相当する．他にも安全の問題や適正な契約を結び履行する活動，人材を確保したり適性に処遇したりする行為，各業務活動が法令に触れることのないように配慮するなどである．これらの要素は，通常は問題なく進むことが望まれ，トラブルが起

表1.1 結果の可能性の分布を大きくさせる要素の例

分類	意味	リスク要素の例
戦略的リスク	経営の意思決定により生じるもの	・事業投資 ・企業買収，事業売却 ・海外進出，撤退 ・業務改革　等
業務的リスク	組織の日常業務に潜むもの	・品質管理 ・原材料調達 ・営業，販売管理 ・安全管理 ・契約管理 ・人材管理 ・法令順守　等

こると一般には結果は好ましくない方向に作用する．したがって，これらの要素は概念的には図1.2の期待されるレベルから下方にぶれさせる要素と考えることもできる．

実際にはこのような要素が多様に絡み合って事業を構成しているのである．企業などの組織を経営・運営する上では，これらの要素を認識して適切にマネジメントしていくことが必要である．

1.2.3　企業に必要なリスクマネジメント機能

図1.2のような概念に基づくリスクを組織が抱えている状況にあるとき，どのようなリスクマネジメントがあるかを示すとともに企業などの組織に必要なリスクマネジメント機能をまとめる．

（1）期待する結果と分布幅に着目したマネジメント

一つ目のマネジメントは，図1.3そのものに対するアプローチである．つまり，期待する結果レベルと分布の適正さを検討するマネジメントともいえる．

例えば，今後の事業のやり方として新規市場を自ら開拓して莫大な収益などを求める事業方針Aと従来の市場を着実に伸ばしていく事業方針Bがあるような場合，それらを図示すると図1.3のようになるであろう．方針Aは期待結果としてCa1 → Ca2 → Ca3を結ぶ直線で示され，方針Bは期待結果として

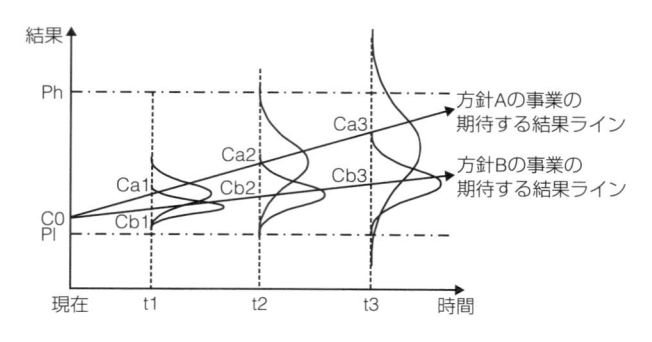

図1.3　事業方針の違いによる結果の分布

Cb1 → Cb2 → Cb3 を結ぶ直線で示される．ただし，双方の結果の分布具合は同じではなく，方針 A のほうが方針 B よりも幅広くばらつく形になっている．

このような事業方針によってもたらされるリスクの状況が異なる場合，どのようなリスクマネジメントが考えられるであろうか．

組織として手堅い事業を好むのであれば，事業方針 B を選ぶべきである．どうしても，Ph 以上の収益を上げる必要がある場合は，事業方針 A を選ばなければならない．一方，組織の体力などから Pl 以下の収益レベルに落ち込むことは避けなければならない場合には，事業方針 B を選ぶ必要がある．このような組織において何を優先するかを考えながら，リスク情報を基に事業方針を決めるようなマネジメントが成り立つ．

上記で示したリスク情報に基づき全体方針を選択するマネジメントのほかに，分布自体をコントロールするマネジメントもあり得る．例えば，将来の t3 時点に着目して方針 B のリスクの断面を図示すると図 1.4 のように示される．図では，好ましい結果側を右にとっている．

図 1.4 の (a) は結果の分布幅自体を小さくしようとするものである．これによって好ましい結果（正の結果）側への分布も小さくなるが，全体としては期待される結果周辺から大きくずれることは少なくなる．例えば，為替変動で大きく事業結果が左右されるような場合に，あらかじめ期待される結果レベルの為替レートで将来も取引ができるようにオプション契約を結ぶことなどが相当する．有利に為替がふれる影響も放棄するが，不利になる影響も受けなくする考えである．

図 1.4 の (b) は，期待される結果レベル Cb3 を少しでも好ましい結果側によせ，好ましくない結果を減らそうというものである．これは一般には容易ではないが，例えばメーカーにおける当初想定していた製造コストを大きな設備投資などをせずに数パーセント落とすようなことが実現できれば，事業収益の分布は好ましい結果側にシフトする．

さらに，このような分布をもった事業計画が複数あるような組織では，これらの事業の相関性なども踏まえた，分布と目標期待値を指標にとったポートフ

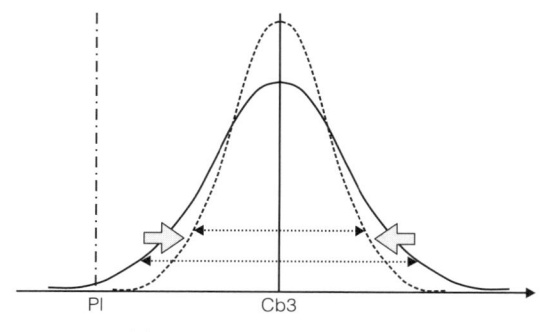

(a) 分布幅自体を小さくする考え方

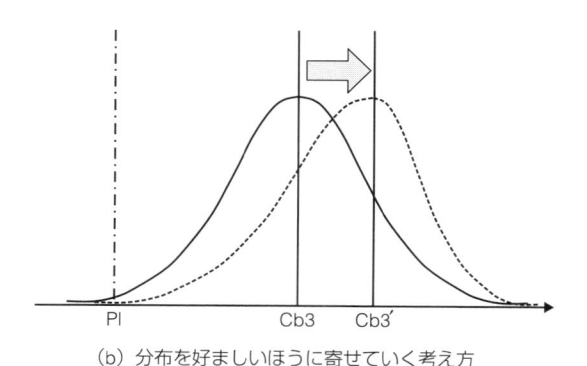

(b) 分布を好ましいほうに寄せていく考え方

図 1.4 結果の分布のマネジメントイメージ

ォリオマネジメントにもつなげていくことができる．そのイメージを図1.5に示す．図では，目標とする指標をここでは NPV（Net Present Value：正味現在価値）の期待値として縦軸にとり，目標を達成できない不確実性（分布）や最大損失などを表現する EaR（Earning at Risk）値を横軸にとったものである．この図で左上にある事業ほど結果のばらつきが少なく，目標指標の達成レベルが高い理想的なものである．各種の事業が完全に独立であれば，結果のばらつきや目標の達成レベルは単なる和としての単純合計になるが，事業としての相関があれば結果のばらつきや目標の達成レベルは単純合計よりも小さくなる場

EaR vs 期待NPV

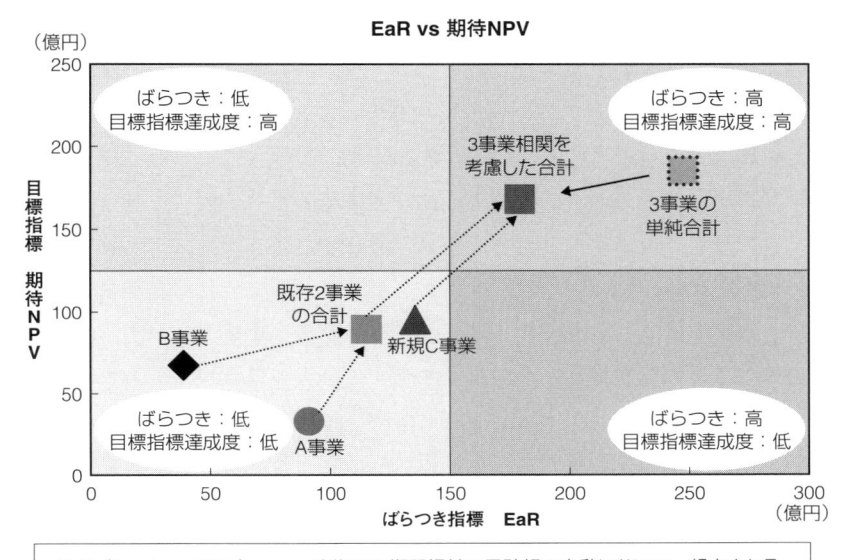

縦軸：目標指標　期待NPV（億円）
横軸：ばらつき指標　EaR（億円）

- ばらつき：低　目標指標達成度：高
- ばらつき：高　目標指標達成度：高
- ばらつき：低　目標指標達成度：低
- ばらつき：高　目標指標達成度：低

プロット：B事業、A事業、既存2事業の合計、新規C事業、3事業相関を考慮した合計、3事業の単純合計

EaR（Earning at Risk）	一定期間の期間損益の累計額の変動において，想定される最悪（1%，5%などで発生）の収益変動額
NPV（Net Present Value）	正味現在価値．要求リターン率などで将来のリターンを割り引いた額の合計

図 1.5 リスク情報を用いたポートフォリオマネジメントのイメージ

合があり，事業の選び方によっては結果のばらつきを抑えながら目標の達成レベルを相対的に大きくすることも可能となる．

本項で示したようなマネジメントを"戦略的リスクマネジメント"と呼ぶことがある．

(2) 好ましくない結果に焦点を当てたマネジメント

二つ目のマネジメントは，図1.3における好ましくない結果（負の結果）に着目して，その部分に対してアプローチするものである．

このようなマネジメントを行う場合は，基本的には先に挙げたような事業方針は決まっているものとし，その条件のもとで，いかに期待する結果ラインか

ら好ましくない方向にぶれることを少なくするかというマネジメントである．

このマネジメントの一般的な実践方法は，自組織に潜在する負の結果をもたらすと思われるリスクファクターの洗い出しによる．ここでリスクファクターとは，組織などが目的とするもの（期待する結果）があり，それを達成できないことをリスクとした際の目的の達成を妨げる構成要素（要因）を呼ぶ．後に示すが，このリスクファクター自体を組織に潜在する多様なリスクと称する例もある．以下ではその例に従って，リスクファクター群をそれぞれリスクと呼ぶ．

さて，事業を好ましくない結果にぶれさせるリスクを抽出し，それらを負の結果の大きさ（影響規模）とその起こりやすさによって表現することが可能になる．これをリスクマップと呼び，そのイメージを図1.6に示す．このようなリスクマップを作成する意味は，単に組織に潜在するリスクファクターの種類の多様性や大きさを把握することにとどまらない．

一般にリスクは，発生確率と結果の組合せで表現されるので，これらを積の形で一つの値に代表させる場合がある．しかしこの場合，それぞれを定量的な数値で求めたり表現したりした場合であっても，例えば"起こりやすさ(0.1)×

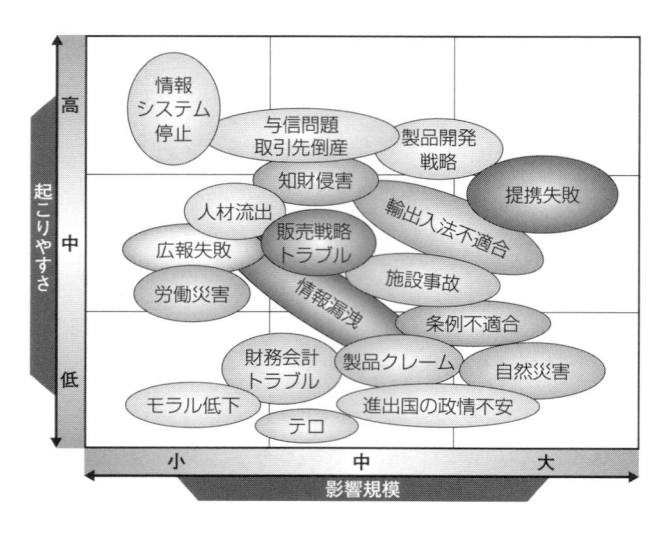

図 1.6 負（好ましくない）の結果に着目したリスクマップ

影響規模(10) = 起こりやすさ(0.01) × 影響規模(100) = 1.0" となるケースがある．リスクが同じ値になると，一般にはその対応の差異はリスクの大きさからは区別がつかない．一方，リスクマップを用いて表現すると，同じ値になったリスクであっても，先述のような起こりやすさと影響規模の値が異なるケースでは2次元平面上の別の位置に表示される．このようになると，リスクの対応方法を区別することが可能になる．対応原則の一例を図1.7に示す．

図では，起こりやすさが高く，影響規模も大きく図の右上に表示されるようなリスク（図のA領域）については，リスクを低減することが求められる．どうしても低減できない場合で組織がそのリスクを受容できない場合は，回避することになる．

また，起こりやすさは比較的高いが影響規模は小さいリスク（図のB領域）については，リスクの保有か起こりやすさを低くする低減策（起こりやすさに着目して"削減策"ともいう）が求められる．保有が許されるのは，そのリスクが顕在化してからの対応でも組織全体への影響は小さいためである．ただし，当該のリスクが繰返し顕在化するような場合は，その影響も積分で効いてくる

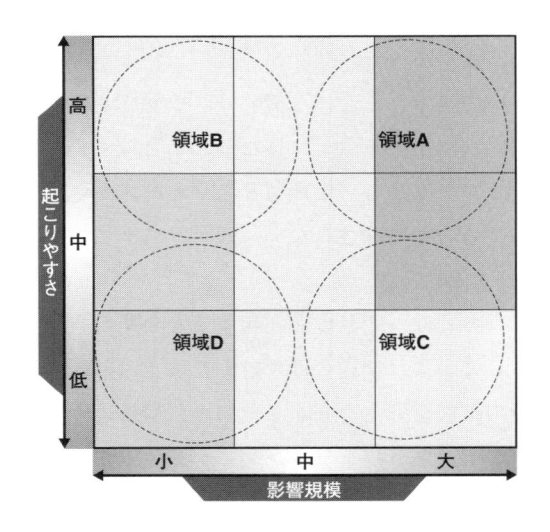

図1.7 リスクポジションに対する対応原則

ケースもあるので，リスクを小さく抑える追加の低減策も必要となる．さらに，リスクの影響規模が変化して大きくならないか監視することも重要である．

一方，起こりやすさは比較的低いが影響規模は大きいリスク（図のC領域）については，リスク保有も可能であるが，できるだけ影響規模を小さくするような低減策（影響規模に着目して"軽減策"ともいう）が求められる．さらに，領域Bとは異なり，場合によっては保険や証券化などが代表的なリスクの共有（ISO 31000以前では"移転"ともいう）を考えたほうがよい領域となる．これは，組織体力を超えるような影響を被った場合，1回の影響でも組織の持続性を損ねる可能性があるからである．

最後に起こりやすさが低く，影響規模も小さいリスク（図のD領域）に示されるものは，一般には保有が許容される場合が多い．ただし，これらのリスクについても領域Cと同様にリスクが大きくなっていないか監視が必要な場合もある．

なお，以上のような検討や対応を行うマネジメントを一般に"業務的リスクマネジメント"と呼ぶことがある．

(3) 残留リスクに対するマネジメント

二つのリスクマネジメントの形を提示したが，一般にリスク対応を行ってもリスク回避をしない限り，リスクが消え去る（ゼロになる）ことはない．対応後のリスク（広義には保有したリスクも含む）を残留リスクと呼ぶがこれらのリスクに対して組織として無視することは許されない．残留リスクに対するマネジメントの考え方を，表1.2にまとめる．

ここで，残留リスクの内容によっては，それが顕在化すると事業の目標達成に大きな支障を来す場合がある．このような場合は，計画を修正（別の計画オプションの選択）したり，影響の拡大を抑えたりするための危機管理が重要となる．危機管理（クライシスマネジメント）をリスクマネジメントの一部ととらえる考え方もあるが，一般には両者は留意する点や行う活動内容などが異なるマネジメントであることを意識する必要がある．両者は異なるマネジメント

表 1.2 残留リスクに対するマネジメント一覧

リスクマネジ メントの種類	残留リスクへの対応	内容の概略
戦略的リスク マネジメント	オプション計画用意	事業目標のマイルストーンやチェックポイントをあらかじめ設け，その時点での目標からの乖離を評価し，新たな事業計画に移行する計画を事前に準備する．なお，乖離が大きく緊急的に状況を乗り切る必要がある場合は，コンティジェンシープラン（不測事態対応計画）を用意することも視野に入れる必要がある．
	撤退計画	事業目標のマイルストーンやチェックポイントをあらかじめ設け，出口ルールを策定した上で，事業撤退の計画を事前に準備する．
業務的リスク マネジメント	リスク監視	リスク対応後のリスクが想定どおりの大きさに収まっているかを組織内部の状況や外部環境の変化も含めて監視（モニタリング）していく．これは，図 1.7 の領域 B や領域 D で挙げた"リスクの監視"と同様である．
	危機管理計画準備	リスク対応後もその負の結果影響が大きなリスクに対して，万一顕在化した場合に少しでも影響を拡大しないための危機管理策を準備しておく．なお，危機管理計画を準備しておくリスク領域は一般に図 1.7 の領域 C に含まれる"起こりやすさが低く，影響規模が大きい"リスク群が候補となる．

であるが，リスクという事象を共通にもって密接につながっているともいえる．

　なお，本書はリスクマネジメントの解説書であるが，後章では，事業継続マネジメントも紹介する．事業継続マネジメントの一部である事業継続計画はリスクの顕在化時を想定して用意することが一般的であり，この部分をとらえると危機管理ともいえる．ただし，事業継続マネジメントでは事前にリスク顕在化時の影響を分析したり，それに基づいたリスク自体の影響を小さくするような対応策を実施したりする場合もある．この観点からはリスクマネジメントととらえることが可能である．また事業の継続という部分を組織の目標ととらえた場合もそれを損なう可能性をマネジメントする事業継続マネジメントはリス

クマネジメントの一部ととらえても差し支えはない．

（4）企業活動に必要なリスクマネジメント機能

事業を実践する上で想定されるリスクへのマネジメントの考え方を上述した．これらを総括すると，企業等の組織は，図1.8のような三つのリスクマネジメント機能を有することが望まれる．すなわち，意思決定時，通常業務時，万が一のリスク顕在時，それぞれの場面でリスクを見定めて管理していくことが必要である．

多くの企業などでは，図のそれぞれのリスクに関するマネジメント機能が独立して動いている場合が見られる．事業の内容が安定的で大きな変化がないような組織では，そのようなマネジメントスタイルでも機能する場合もあるが，組織全体としてリスクをマネジメントしていこうとする際は，三つのマネジメント機能がリスク情報を通して結びついている必要がある．そのためにも次節で述べる，コミュニケーションの仕組みは重要となる．

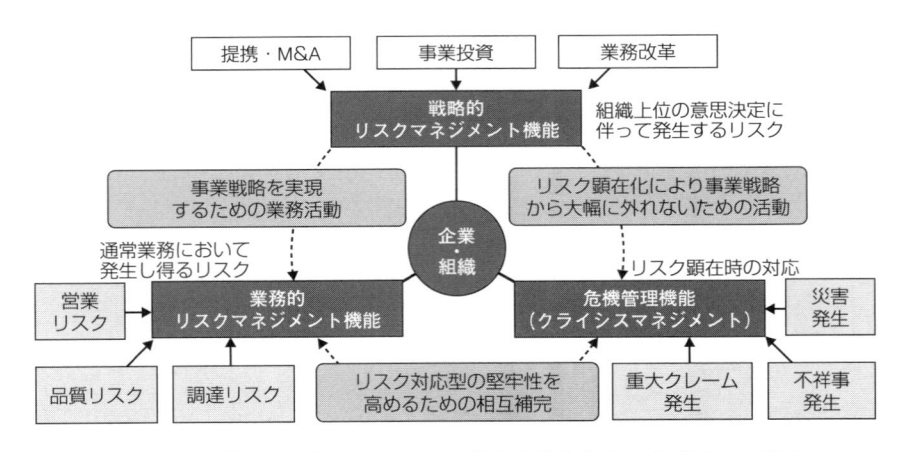

図1.8 組織に求められるリスクに関する総合的なマネジメント機能

1.3 リスクマネジメントに必要な要素

1.3.1 リスクマネジメントの実施体制
(1) リスクマネジメント実施環境の整備
リスクマネジメントの環境の整備に必要な事項は，以下のとおりである．

① 経営理念を反映した組織目的の設定

リスクの重要性は，組織運営が何を大切にしているかによっても異なる．したがって，経営理念が組織員間で共有されていて，組織目的が経営理念を合理的に反映していることが大切である．

② コミュニケーションの仕組みの構築

コミュニケーションは，上司の意向を部下へ伝える一方向の仕組みだけではなく，部下の考えを知り価値観などの組織運営に必要な事項の共有のためにも重要である．組織の状況や社員の意識を知ったり，社会の状況を共有するために，コミュニケーションの計画を作成したり，日常の対話を促進するような風土をつくったりすることが重要である．

この仕組みの中には，組織のリスク情報を社外に公開する仕組みも含まれる．

③ リスクマネジメントの必要性の共有

リスクマネジメントの必要性を関係者が同様に理解しておかないと，それぞれの担当業務が形式的に推進され，実質的なマネジメント効果が発揮されない場合がある．リスクマネジメントを実質的に有効に働かせるためには，多くの関係者がリスクマネジメントの必要性を正しく理解する必要がある．

④ 組織内外の状況の把握

リスクは，組織外の環境の変化によっても，組織内の状況の変化によっても，変化する．したがって，リスクマネジメントによる分析が，常に有効であるためには，組織内外の状況の変化を把握しておく必要がある．

⑤ 教育体制の構築

リスクマネジメントには，それぞれの役割分担があり，その役割ごとに何を実施すべきか，どのような手法を使いこなす必要があるかなどを教育する必要

がある．

　この教育は，主としてリスクを分析する担当者，マネジメントシステムを運営する中間管理職，リスクに対する最終判断を行う経営者のそれぞれが，必要な教育を受ける必要がある．

⑥ リスクマネジメントの仕組みを継続的に改善する体制

　リスクマネジメントは，その実行に伴い進化していくものである．このためには，リスクマネジメントの状況をチェックし，改善をしていく仕組みを構築しておく必要がある．

(2) リスクマネジメントの実施体制

　リスクマネジメントは，組織的に実施する必要がある．リスクマネジメントの実施体制も，その組織規模により様々である．

　また，リスクマネジメントにより達成しようとするレベルに応じて，必要なリソースも多くなる．有効なリスクマネジメントを実施するためには，必要な資源を把握しておく必要がある．そして，リスクマネジメントの作業実施により，他の業務に使用する予定であった時間や人間が使用できなくなる場合もあり，リスクマネジメントが他の業務に与える負荷を把握しておく必要ある．

　リスクマネジメントは，組織的かつ継続的に実施する必要があるため，リスクマネジメントシステムを構築して実施することが望ましい．

　さらに，リスクマネジメントを全社経営の視点から，合理的に実施するためには，経営のリスクと現場のリスクをすり合わせる仕組みが重要である．

　リスクマネジメントシステムの導入のステップは，以下のとおりである．

① 経営技術革新に対するトップの意思表明と周知徹底

　リスクマネジメントの導入には，多くの関係者の協力が必要となるため，この業務は一管理部門の発案ではなく，経営者自体がその必要性を認めたものであることを宣言することは，その後の活動を容易にするためにも重要な要点である．

また，この必要性を組織内の関係者に周知するには，以下の方法がある．
- 幹部が管理職以上を集め，直接，内容を説明する．
- 社内外の講師による研修会，講演会などを開催する．
- 人事の評価体系の中に，リスク管理への取組みに関する事項を入れて，社員の関心を高める．
- 社内に専用掲示板を設置し，リスクマネジメント実施の進捗状況を報告する．
- 社内イントラネットのホームページへのリスクマネジメント実施進捗状況の掲載，及びEメールなどを用いた定期的な進捗報告を行う．
- アンケートを実施し，リスクマネジメントに関する理解度合いを部署ごとに集計し，理解度の低い部署や回答率の悪い部署の長には，注意を与える．

② **リスクマネジメントシステムの必要性の表明**

前記と同様に，リスクマネジメントをマネジメントシステムとして導入することの必要性を周知する．

③ **初期システム定着化までの導入計画を立案・公表**

リスクマネジメントシステムの定着までには，数年必要となる場合もあるので，いつまでにどのレベルまでどのようなステップを踏んで実施するかを明らかにして，関係者の安心感を得ることが必要である．

④ **重要なリスクマネジメント技術の導入**

リスクマネジメントの実施に必要な技術教育計画を立てる．

⑤ **各階層の教育**

経営層，中間管理職層，一般職層の研修計画を立てる．

⑥ **企業に大きな影響を与えるリスクを把握，未着手リスク，対応の急がれるリスクの把握**

1.3.2 リスクマネジメントのステップ

リスクマネジメントのステップを図1.9に示す．

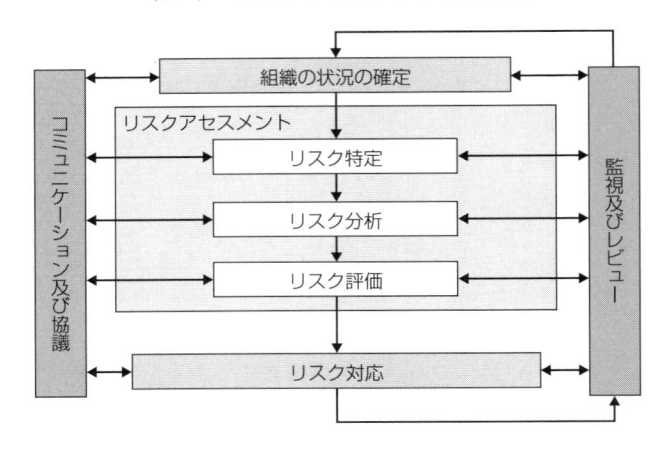

図 1.9　ISO 31000 のリスクマネジメントプロセス

（1）リスク特定

　リスク特定の過程では，組織の諸目的の達成を実現，促進，妨害，低下，加速，又は遅延するかもしれないもろもろの事象に基づいて，様々なリスクを包括的に把握することが必要となる．その際，小さなトラブルの可能性を考えて大きな利益をもたらす事業を見送り赤字を出してしまうといった，チャンス（機会）を追求しないことに伴う諸リスクを把握することも重要である．ISO 31000 では，ある機会を追求しないことで発生するリスクに関して注意が記されている．何もしないことは，何もリスクを生まないように考えがちであるが，何もしないことがその実施によって獲得できるはずだった利益を獲得できないというリスクを生んだり，事故対応を行うことで得られるはずであった組織の信頼を得る機会を失ったりするリスクが発生することに注意を促している．

　さらに，ISO 31000 では，自分の管轄下にあるリスクも管轄下にないリスクも特定することを求めている．それは，リスクの把握に際しては，その対応も同時に考えることが多いため自分の管轄で対応できるリスクに限定する傾向があり，自分の部署で完結できないリスク対応に関しては，特定の段階から排除する傾向にあるからである．

（2）リスク分析

リスク分析では，影響とその起こりやすさの双方を検討することになる．

リスク分析は，あくまでもリスク対応に関する意思決定を支援するためのものであり，リスク分析の結果，自動的に対応方法が決まるものではない．ISO 31000 では，リスク分析の内容や結果は，対応の判断に有効である必要があり，判断にはどのような情報が必要か，また重要かということを理解し，判断に耐え得る分析にする必要があるとしている．

（3）リスク評価

ISO 31000 では，対応の判断は，リスク基準との比較によって定めることを推奨している．

意思決定においては，法規や社会的要求などを満足することが求められる．そして，リスク分析の精度などが，判断のために不十分だと考えられる場合は，分析をやり直すこともあるとしている．

さらに，リスクマネジメントにおいては，既存の対応以外の新たな対応を行わないという判断をすることがある．

（4）リスク対応

ISO 31000 では，リスクの対応は，対策を打ったということで十分なわけではなく，実施した対策が判断の意思決定として望んだ状況を創出していることが重要であるとしている．このためには，実施した対策の結果，変化したリスクが意思決定に際して目指した状況になっているか否かを確認し，十分でない場合はさらなる対策の追加，変更を検討する必要があるとしている．そして，対策の選択肢を検討する際には，その影響や受け取られ方をステークホルダごとに細やかに検討をしておくことが望ましいとしている．

さらに，好ましい影響と好ましくない影響を共にリスクの結果として考慮すると，影響の数学的期待値を最大にすることが，リスクマネジメントとして最適の判断であると理解しがちであるが，ISO 31000 では，法規を順守すること

や社会責任などは，費用便益に先立って考慮されるべきものであるとしている．

1.3.3 リスクマネジメントにおける判断について

　リスクを特定し，分析の結果得られた評価に基づいてリスクへの対応を図るとき，目的を達成するためにどこまで組織の資源を投入すべきか，判断の必要に迫られる．リスクマネジメントでは，特定の状況あるいは将来起こると考えられる状況からの要求や要請に対応して，目標を選択し，その時点における利用可能な一群の手段の中から特定の手段を選択しなければならない．

　ここで，手段の選択の妥当性を判断するために，投入費用に見合う便益を教授できるか，費用対効果を検証することになる．このとき，次のような疑問が出てくる．
- ・費用対効果の基準のみで判断してよいのか
- ・得られる便益をどのように比較するか
- ・客観的な便益基準が定められないようなときはどうするか

　複数取り得る行動の選択肢から，最終的にどのような選択をするか，リスクマネジメントにおける判断について整理する．

(1) 判断のステップ

　投入費用を上回る便益が得られれば，投資活動は合理的である．しかしながら，リスクマネジメントを実践する上で，この費用対効果が得られないこと，又は，この効率が悪いことを理由に，即座に対策を棄却してしまってはいけない．それは，組織が存続するための前提が覆るような事態は，費用対効果が悪くても避けなければならないからである．この判断対象には，単純には経済価値換算ができないような事態も含まれる．

　そこで，組織が判断を行うときは，図1.10に示す2段階の判断ステップを踏むことを常に意識する必要がある．

　第1の判断対象とは，法令に触れるようなリスク，社会的に受容されないようなリスク，組織の耐力以上のリスクである．

1.3 リスクマネジメントに必要な要素　　41

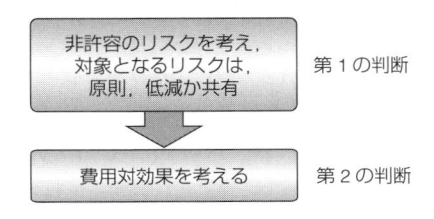

```
┌─────────────────┐
│ 非許容のリスクを考え，│
│ 対象となるリスクは， │　第1の判断
│ 原則，低減か共有  │
└────────┬────────┘
         ▼
┌─────────────────┐
│ 費用対効果を考える │　第2の判断
└─────────────────┘
```

図1.10　2段階の判断ステップ

　社会的に受容されないようなリスクを考慮する上では，ステークホルダを強く意識し，組織の常識や組織が所属する業界の常識が，世間の非常識と見えないか注意深く思慮しなければならない．また，組織の耐力以上のリスクとは，組織の規模や活動内容，財務基盤と比較して，実力以上に保有してしまっているリスクを指す．一度でもリスクが顕在化してしまうと，独力で回復することが極めて困難となるようなリスクを特定しておく必要がある．

　この種のリスクへの対応は，便益の議論を行う以前に対処すべき課題と認識する．この第1の判断ステップを経た後，残るリスクへの対応を図る上で費用対効果の議論に移ることになる．

　一般に費用対効果は，図1.11に示す数式で表すことができる．

　ここでいう便益とは，経済価値としての利益のほかに，リスクを低減することの価値，あるいは，リスクの顕在化を防ぐという意味で，リスクの影響そのものとする場合もある．

(2) 価値の定義と判断基準

　費用対効果を検証する際に，どれだけの便益が得られればよいか，その程度は組織にとっての価値を意味する．したがって，便益の量的基準は組織価値をどうとらえるか，組織が目指す目的により全く異なるものである．

　判断基準にはこの量的基準とともに，質的な基準がある．

　今，図1.12に，一定の費用を投入することで，現状から対策によって大成功／失敗／大失敗の三つのシナリオがどう変化するかを模式的に示す．

$$CBR = \frac{B}{C} = \frac{\sum B_i}{\sum C_i} \geq 1$$

CBR ： コスト・ベネフィット率又は
　　　　費用便益率
B ： 便益
B_i ： リスク i に対する便益
C ： コスト（費用）
C_i ： 対策 i に対する費用

$$CBR = \frac{B}{C} = \frac{\sum B_t/(1+i)^t}{\sum C_t/(1+i)^t} \geq 1$$

CBR ： コスト・ベネフィット率又は
　　　　費用便益率
B ： 便益
B_t ： t 期における便益
C ： コスト（費用）
C_t ： t 期における費用
i ： 割引率
t ： 考慮すべき対応期間

図1.11 費用対効果の算定式

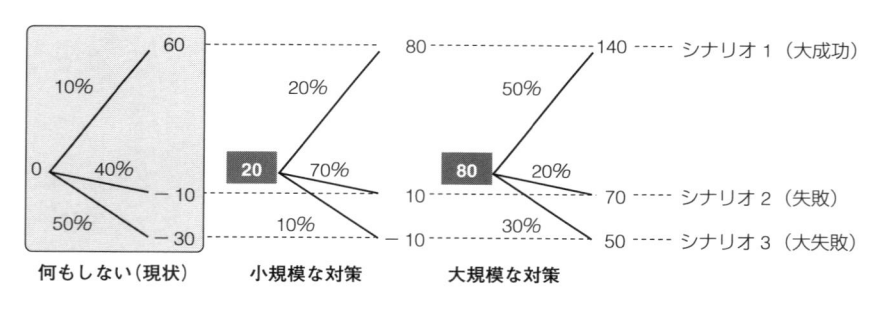

図1.12 費用投入とシナリオの変化例

　何もしなければ，確率を乗ずることで組織には平均的に▲13の損失が予想される．他方，小規模に20の投資を行う対策や，大規模に80の投資を行う対策によって，初期投資を差し引いても組織は期待値として+2あるいは+19の便益を得ることを表している．それでは，すぐさま80の大規模な投資を行うべきか．

1.3 リスクマネジメントに必要な要素

　期待値から大成功や大失敗へ，どの程度の広がりがあるか分散を求めると，現状／小規模な対策／大規模な対策は，それぞれ，21／15／51となる．大規模な投資は，成功の果実も大きいが大失敗する可能性も大きく抱えている．小規模な対策は，成功あるいは失敗へのぶれ幅が最も小さく，その分，計画管理も容易に見える．

　さらにここで"後悔しない"という観点を加えてみる．現状あるいは投資後に，より好ましくない方向となるのはシナリオ2とシナリオ3である．仮に，好ましくないシナリオが顕在化してしまった場合の損失の期待値を評価すると，現状／小規模な対策／大規模な対策それぞれで，▲19／▲14／▲51となる．組織によって，万一の際に感じる痛手の大きさは異なるであろう．未来の予測を確率的に評価したとしても，現実に得られる結果は一つである．一度失敗してしまえば時間を元に戻すことはできない．"やらないよりは，やったほうがましであったのではないか"，"別のやり方があったのではないか"，悔やんでも回復することのできない後悔の程度は，リグレットと称して評価される．

　期待値を高める乖離の幅を小さくし，コントロールのしやすさを優先する，好ましくない状況を想定し後悔だけは回避する，判断の質的基準の観点は一つではない．多面的な判断基準から選択することが必要となる．

　宝くじを当選確率で評価すれば決して期待値は高くない．それでも圧倒的な便益に比較し，損失による後悔が小さいから購入するといえるのではないであろうか．

表1.3　各対策（図1.12）のシナリオ評価

	便益の期待値	分散の大きさ	リグレット
何もしない（現状）	▲13	21	▲19
小規模な対策	2	【小さい】15	【小さい】▲14
大規模な対策	【大きい】19	51	▲51

（3）主観的な判断の支援

リスクは未来の話であり，実際に起こってみるまで本当の結果はわからない．そこで確率的にシナリオを評価せざるを得ないわけであるが，すべての要素に数学的な考察を当てはめられるとは限らない．そのため，専門家の意見や自身の経験を基に主観的な判断を行わなければならない局面がある．このとき，組織が考慮しなければならない問題は，多くの要素が複雑に絡み合っており，一方をとれば他方を損なうといったバランスの難しさに直面する．

人は，複数の要素を同時に考えるには限界がある．"二つのことを比較し，どちらがより好ましいか"というように，問題をより単純に構造化できれば判断は容易となろう．この手法の一つに階層分析法（Analytic Hierarchy Process：以下 AHP と記す）がある．AHP はシステムズアプローチに主観的判断を組み合わせた意思決定手法であり，不確実性，曖昧さのある中での合理的な意思決定を支援する手法である．人間の認知を構造化し，相対関係を数量化することで次のような特長がある．

- 評価基準が多数存在するような問題に適用できる．
- 共通の尺度による比較が困難な問題に適用できる．
- データが存在しない，あるいは収集が困難な問題に適用できる．
- ファジィな表現で判断を求めることにより，評価者の負担を軽減できる．
- 経験的知識や専門家の判断を反映できる．
- 複数の関係者で意思決定を行う場合，個々の意見を明示的に取り扱うことにより納得性を高め合意形成を促進する．
- 判断の整合性を評価できる．

AHP では，図 1.13 のように，意思決定問題に対して最終目標，評価基準，比較対象からなる階層構造を作成する．最終目標から見た各評価基準の重要度を決定し，さらに評価基準から見た比較対象の重要度を評価することで，最終目標から見た比較対象の評価値を決定することができる．

例えば，対策 A，対策 B，対策 C が，共通の基準で定量化しにくく，どの対策を選択すべきか，主観的判断に頼らざるを得ない場面に本手法を適用するこ

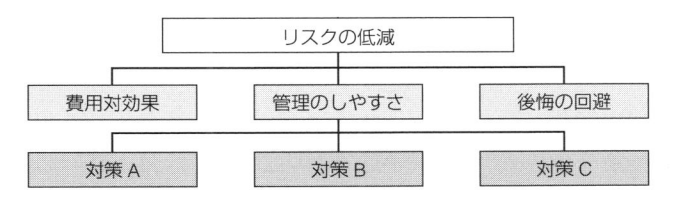

図 1.13 AHP の階層構造例

とができる．"管理のしやすさは対策 A と対策 B ではどちらがより容易なのか"のように，他の制約を排し，対象要素を上位の基準に対して単純な一対で比較すれば，判断過程は共有されやすい．最終的にすべての判断結果を集計することにより，複数の要素の優劣は相対的な関係で説明されることになる．

AHP は，このように評価の過程で人間の主観的な判断を反映させることにより，従来の意思決定手法ではモデル化や定量化が困難なために対象とされなかった問題を取り扱うことができる．

1.3.4 リスクマネジメントシステムのポイント

リスクマネジメントシステムとは，リスクマネジメントを実施するための組織に構築された仕組みであり，リスクマネジメントに関する実施に関して以下の事項を定める必要がある．

① 関連規定
② 実施体制
③ 実施計画

まず，ここで認識すべきことは，マネジメントシステムとして構築すべき仕組みは，組織規模や対応の対象とするリスクによっても，異なるということである．したがって他社を調べて同じような仕組みを構築する必要はないことを，経営者は認識しなければならない．

効率的なリスクマネジメントシステムの運営の要点を以下に記す．

（1）リスクマネジメント方針の表明

社長名により文書を作成し社員に方針を示す．

含まれているべき事項

- ・経営におけるリスク管理活動の重要性
- ・経営におけるリスク管理活動の位置づけ
- ・リスクマネジメント実施の責任者と体制
- ・社員の活動内容　　　　等

（2）リスク分析，リスク発見，特定及び算定

定期的に各部署より検討対象と定めたリスクに関して検討内容を報告する．他の部署の担当者は，全社の視点からその報告に対する質疑を実施し，組織としての認識を共有する．さらに，次に検討すべきリスクを定める．

（3）リスク評価

組織の体力に合わせ，低減すべきリスクの優先順位を決定する．

判断例：

- ・組織にとって許容できない影響の発生するリスクで，今後10年間に発生の可能性があるリスクは，優先順位を高くして低減対策を検討する．
- ・上記と同等の影響をもつリスクで，今後100年間を考えれば，発生の可能性があると考えられるリスクを低減の優先順位2番とする．
- ・ここ10年間で，一定以上の被害をもたらす可能性のあるリスクを低減の優先順位3番とする．

（4）リスクマネジメントの目標の設定

毎年，リスク管理の目標を設定する．

リスクマネジメント目標例

- ・組織に潜在するリスクの中で，一定以上の被害が想定されるリスクの発生確率を年間1/1000以下とする．
- ・組織に潜在するリスクの中で，一定以上の被害が想定されるリスクの発見手段を必ず講じる．
- ・組織のリスクを半減する．

(5) リスク対策の選択

今期使用できるリソースをまず定め，そのリソースの配分という観点で，リスク評価結果に基づき対策を決定する．

事例：
- 低減の優先順位の高いリスクに対する対策の中で，費用対効果の高い対策を優先して採用する．
- 複数のリスクに対し効果のある対策を優先する．

(6) リスクマネジメントプログラムの策定

幹部会によりリスクマネジメントに投入するリソースを決定し，その範囲で担当ごとに計画を策定させる．

事例：
- リスクマネジメントに関する年間活動計画を策定する．
- 各活動の開始時期と終了時期を明示する．
- リスクマネジメント活動の主要な活動（リスクの把握，評価，対策の検討など）の時期と責任者は必ず明記する．

(7) 緊急時における対応手順の策定及び準備

会社として重要な影響をもたらす危機を定め，危機発生時の対策の優先順位を定め，社員に周知徹底する．

(8) リスクマネジメントパフォーマンス評価の実施

定期的にリスクマネジメント活動において問題が発生していないか，他の業務に悪影響を及ぼしていないかを検討する．

1.4 リスクマネジメントの基盤となる風土

リスクマネジメントが有効に活用されるためには，その組織の風土が重要となる．リスクマネジメントの活動が経営姿勢と一体となって，はじめてリスクマネジメントは組織に定着する．

リスクマネジメントでは，現状リスクの把握のために多様な視点で分析を行

うことが必要となるが，このことは言い換えれば，様々な可能性に対してその影響を多様な視点から検討していく丁寧な経営・運営を行う風土をつくることでもある．

　また，リスクマネジメントは，リスクの変化に備えるため，リスクの特性をよく理解する必要があるが，このことは，余裕をもった経営を行う風土づくりにつながる．リスクは，環境によって変化するし，環境が定まったとしても，顕在化するか否かは確率的にしか明らかではない．したがって，リスクを管理するということは，その不確かさを前提としてマネジメントを行うこととなるからである．

　そして，リスクマネジメントでは，リスク対策の効果を検証することが求められるが，このことは，責任をもった活動を行う風土をつくることにつながる．一般的に，リスクは小さくできるが，回避策を除いて理論的にゼロにはできないため，リスクの低減においては，リスクが定性的に小さくなるということを見極めるだけでは十分ではない．その対策の効果を十分に検討し，その対策の十分性を評価したり，対策を打った後，その効果を確認したりするなどの検証を行い，リスクの低減を責任をもって実施していくことが重要である．このような活動は責任をもった行動を行う風土構築につながる．

　リスクマネジメント活動を通じて，上記のようなリスクマネジメントのポイントを理解し行動に移すことで，リスクマネジメントを効果的に活用できる風土を築ける．

　このリスクマネジメントを活用できる風土とは，以下の資質をもつ組織員によって構築される．

　① **事業において保有しているリスクを認識し，対応を検討する人材**
　この人材とは，次の素養をもつ組織員のことである．

　　・リスクの存在を認める強さと謙虚さ
　　・常に先手をとって対応を考える先見性
　　・気づいたことに知らないふりをしない責任感

② 経営目標達成の不確かさに向き合う人材

この人材とは,次の素養をもつ組織員のことである.

- 自部署の利害に拘泥せず,全社目標達成に対して真摯に対応をしていく姿勢・一体感
- リスクは変化することを認識する知性
- 対策の効果を検証していく確実性
- 外部にリスクを公表していく開放性

このように,リスクマネジメントの導入は,組織のリスク対応とともに,有為の人材を育てるためにも有効である.

リスクマネジメントの最大の成果は,このような人材を育成することにあるのかもしれない.

■コラム　リスクマネジメントは経営者の権利であり義務

　リスクの取扱いは，経営者の権利であり義務である．

　リスクを最適化するためには，組織を取り巻く状況をよく見ておく必要がある．

　リスクマネジメントは，現場の努力だけで達成されるものではなく，経営者の積極的な関与が欠かせない．このコラムでは，リスク把握の前提となる組織ミッションの明確化，経営方針の明示，リスクマネジメントに必要な資源の確保などといった経営者の実施すべき事項を整理する．

　経営者がまず実施すべきことは，組織所掌及び公約の明確化である．

　リスクマネジメントを導入し，有効な活動を継続するためには，リスクマネジメントの前提及び組織の存在基盤としての組織の所掌や活動公約を明らかにすべきである．

　ISO 31000 では，リスクマネジメントの実施に際して，次の活動を行うことを必要があるとしている．

- リスクマネジメント方針を明確化し，承認する．
- 組織の文化とリスクマネジメント方針を整合させる．
- 組織の業績指標と整合のとれたリスクマネジメント業績指標を設定する．
- リスクマネジメントの目的を組織の目標及び戦略と整合させる．
- 法律及び規制の順守を徹底する．
- 責任及び責務を組織内の適切な階層に割り当てる．
- 必要な資源がリスクマネジメントに配分されるよう徹底する．
- あらゆるステークホルダにリスクマネジメントの便益を伝達する．
- リスクを取り扱うための枠組みが常に適切な状態であり続けるよう徹底する．

第2章　企業経営に求められるリスクマネジメント

2.1　推進体制の確立

2.1.1　経営の目的とリスクマネジメント環境の整備

経営においては，経営理念，経営目的・目標，施策が連携していることが重要である．

検討しようとしているリスクとは，その目的や目標の達成に影響を与える可能性である．したがって，リスクを特定し対応を行うためにも，その前提となる経営理念や目的が全組織員に共有されていることが望ましい．経営目的は，組織の状況においてすべてを同時に達成することが難しい場合もある．そのため，無理な活動により組織に好ましくない状況の発生を防ぐためには，目的の優先順位を定めておくことが有効である．

リスクマネジメント方針が経営理念に沿っていることは，経営目的の達成に影響を与える要因をリスクとして認定し，運営管理を行う仕組みの基本である．

また，リスクマネジメント方針の理解が組織内で徹底していることも重要であり，リスクマネジメントを実施する必要性を組織員が理解していることも必要である．

リスクマネジメントが有効に実施されるためには，必要な人材や検討時間，そして分析に関する技術の習得などの業務資源の確保が重要となる．リスクマネジメント環境の整備を行い，リスクマネジメントの実効性を高めることは，経営者の責務である．そして，そのシステムの継続性を確保することも，経営者の重要な業務である．

また，リスクは，環境の変化により変化する可能性がある．そのため，組織の内外の環境を把握し，その変化を知ることは，リスクを適切に把握するため

に重要なことである．

ISO 31000 では，内外の環境の事例として次のものを挙げている．

① **外部環境の例**
- 各国間・国内・地域内・地元を問わず，社会及び文化・法律・規制・財務・技術・経済・自然・競争の環境
- 組織の諸目的に影響を与える主要な要因及び傾向
- 外部ステークホルダとの関係，並びに外部ステークホルダの認識及び価値観

② **内部環境の例**
- 企業統治・組織体制・役割・義務
- もろもろの方針及び目標，並びにそれらを達成するために策定された諸戦略
- 資源及び知識という観点から把握される能力（例：資本，時間，人々，プロセス，システム，技術）
- 情報システム，情報の流れ，意思決定プロセス（公式及び非公式のいずれも）
- 内部ステークホルダとの関係，並びに内部ステークホルダの認識及び価値観，並びに組織の文化
- 組織が採択したもろもろの規格，指針，モデル
- 契約関係の形態及び範囲

2.1.2　リスクマネジメントプロセス

(1) リスクアセスメント

リスクアセスメントは，リスクマネジメントにおける意思決定を支援する情報を検討するプロセスである．このプロセスは，リスク特定，分析，評価が含まれる．この業務を有効な活動として実施するためには，全員がその活動の重要性の認識を共有し，活動の有効性を確保する必要がある．

そして，リスク評価では現場に任せることなく，経営者が関与することが重

要である．

(2) リスク対応

リスク対応とは，リスクの重要性に合わせて，その影響を鑑みてあえてそのままリスクを保有し続けることや，リスクの起こりやすさ等を変化させるなどの対策の中から適切な対策方針を選定し決定をすることである．そのためには，対策の候補を複数の中から，その有効性を考慮して選定することが望ましい．

リスク対策の選定には，費用対効果や技術的実現性の検討も必要である．

そして，対策後のリスクが対策検討時に想定した状況になっているかを検証することが重要であり，その効果が十分でない場合には，追加の対策を打つなどの施策が必要となる．

2.1.3 リスクマネジメントシステムの維持と継続的改善

リスクマネジメントは，タスクフォースとしてある時期に実施すればよいものではなく，マネジメントシステムの運用により，継続的に実施することが求められる．

リスクマネジメントシステムでは，まずその責任の所在を明らかにすることが必要である．そして，マネジメントシステムは，その活動の有効性を検証することが必要である．そして，その評価に基づいてマネジメントシステムの改善を行わなければならない．マネジメントシステムの改善には，評価結果が適切に記録されていることが必要である．そして，改善のためには，必要な教育を適切に行う体制をもつことが求められる．

チェックには，その成果と同時に作業時間が妥当なものであったかを検証することが必要である．

リスクマネジメントシステムが，社員から納得されて活用されるには，そのシステムに関する理解が組織員の中で共有されていなければならない．このためには，リスクマネジメントに関する内容が，文書化されいつでも参照できるようになっている必要がある．

改善の責任は経営者にある．有効なリスクマネジメントが継続的に実施されるためには，リスクマネジメントシステムが適切に改善されることと，そのことを組織員が確信し，リスクマネジメント活動が有効であることを納得することが重要である．

2.2 全社経営の視点によるリスクの把握

2.2.1 リスクの特定

"リスク特定"とは，組織や個人にとって"何がリスクか"を考えて，該当する事項を定める作業である．実際には，自組織を取り巻くリスクとしてどのようなものがあるかを抽出する作業（リスクの洗い出し）が必要となる．

ここで重要なのは"リスクを発見する"という姿勢である．往々にして，過去から把握されているリスクを再整理したり，他組織で最近起こった事象などをリストアップしたりして終わってしまうことがある．これでは，自組織特有のリスクが存在するのか否かを明らかにすることはできず，その後のリスクマネジメント活動を行ってもリスクの"モグラ叩き"になっているに過ぎない場合がある．

リスク洗い出しなどのリスクの特定作業は，リスクマネジメントにおいて最も重要な作業ともいえる．なぜなら，事業活動に潜む大きなリスクを見逃してしまうと，その後の作業を精緻に行ったとしても，焦点を外した活動を行うことになってしまうからである．

本作業に関与する者は，"リスク特定（発見・把握）"の意義を十分理解して，知恵を絞って新しいリスクを見いだすことが必要である．

リスクの洗い出しには多様な方法があるが，ISO 31000では外部環境の情報整理の必要性が述べられている．現代社会の事業は組織内で完結することは少なく，外部環境と密接に関係している．そのことを意識して，外部環境の状況と変化が事業にもたらす影響を考えることもリスクの洗い出しに必要な観点となる．外部環境の動きと事業への影響を考える視点としてPEST分析がある．

これは，P（Politics），E（Economy），S（Society），T（Technology）という視点で社会変化を見いだし，事業への影響を見るものである．その例を表2.1に示す．

表2.1 事業変化を想起するPEST分析の例

視点	観点	例
P：Politics	政策や法律などの政治環境変化による影響	・金融商品取引法 ・欧州REACH規制
E：Economy	景気・為替トレンドなどの経済環境変化による影響	・景気減速 ・原油高騰
S：Society	人口動態，生活様式，価値観などの社会環境変化による影響	・少子高齢化 ・環境配慮意識の台頭
T：Technology	技術革新や衰退による技術環境変化による影響	・ナノテク素材 ・センサー技術

　事業や業務を取り巻く外部環境を整理した上で，内部の変化に目を向ける．基本的には具体的な事業活動を取り上げ，その活動に必要なヒト（組織），モノ，カネ，情報などに着目し，それらが想定どおりにならない要因とその結果生じる影響を考えて，リスクとしてとらえるべきか否かを整理することになる．そのイメージを図2.1に示している．

　図2.1では，会社や組織など，事業や業務を検討する単位（②）を中央に置き，それを達成するために必要な要素（①）をリストアップし，逆に提供する内容（③）を仕様とともに明確にすることを示している．このような整理を基にして，必要な要素が欠けたり，遅延したりしたらどうなるか，自組織で実施すべきことが想定どおり進まない可能性はないか，提供すべき内容が仕様を満たさない状況があるとしたらどのようなときかなどを検討していくことになる．この作業において，抜けを少なく行うためにヒントとなるのが，表2.2に示したようなガイドワードを利用する方法である．これらの状況を想定しよく吟味

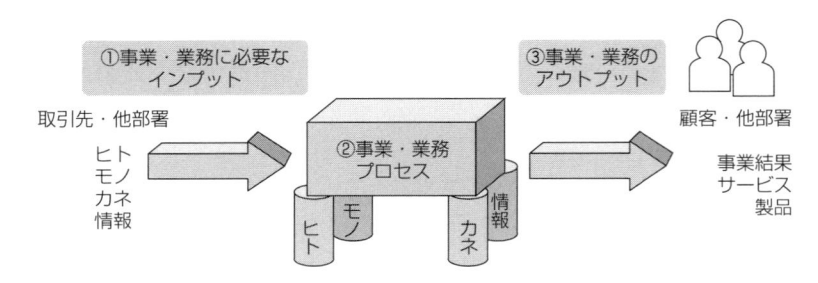

図 2.1 リスク発見のための検討ポイント

した結果，たいした事態にはならない（目標レベルの許容範囲内）と判断すれば，リスクとして抽出しなくともよいが，影響が拡大したり当初の目標レベルから乖離する可能性があるとすれば，リスクとして取り上げていくことになる．

なお，基本的には上述したように，リスクを独自に発見することが重要であるが，組織全体で同様の作業をすることは組織規模によっては非効率な場合がある．上述した方法を念頭に置きながらも，自組織に想定されるリスクの種類などをあらかじめリスク分類として作成し，それらを参考にしながらリスクを洗い出す方法もよく利用される．ここでいうリスク分類は，事業に対して負の側面をもつリスクファクターを中心に一覧したものと考えることもできる．ただし，この分類ではあまり大きな影響を与えないと考えられるリスクも将来的には大きくなる可能性も含めて，一覧に入れておくことが望ましい．また，リスク分類は以後のリスクマネジメントを継続して行う場合のツールとしても重要になる．

リスク分類の一例を表 2.3 に示す．これはあくまで一例であり，事業を行う組織ごとに関係あるリスクを考えて分類表をつくる必要があることに留意されたい．企業によってはリスク大分類として 10〜20 程度を考え，小分類まで含めて 100 前後で構成しているところもある．

なお，このように洗い出されたリスクは，リスク洗い出し帳票などに一覧表形式にまとめていくと，その後の作業も抜けが少なくなる．その例を図 2.2 に

2.2 全社経営の視点によるリスクの把握

表 2.2 リスク発見のためのガイドワード

ガイドワード	説明	応用例
NO, NOT	想定機能が発揮されない(ゼロ)	☐ 原材料が届かなくなる ☐ 必要な機材が使えない ☐ 納品先が倒産する
MORE	量的に過大となる	☐ 多く注文してしまう ☐ 作業人員が多すぎる ☐ 返品が多くなる
LESS	量的に過小となる	☐ 資金が不足する ☐ 人手が足りなくなる ☐ 提供先が少なくなる
AS WELL AS	質的に過剰となる	☐ 調達品の品質が過剰となる ☐ 生産効率が過度に上がる ☐ サービスが過剰となる
PART OF	質的に不足となる	☐ 原材料の品質が落ちる ☐ 作業効率が落ちる ☐ 納品が遅れる
REVERSE	想定と逆になる	☐ 調達元に注文情報が届かない ☐ 契約手続きの手順を誤る ☐ 納品物が返品される
OTHER THAN	想定外のことが発生する	☐ インフラが停止する ☐ 事業が買収されてしまう

＊上記は安全分野で用いられることの多い Hazop 手法のガイドワード汎用的に応用したもの．

示す．一覧表では，リスク分類だけでなく，そのリスクが具体的にどのような内容になっているかを典型的なものとして記載しておくことが必要である．さらに現状実施されている対策なども合わせて記載して，後述するリスク評価の情報源とする．

表 2.3　リスク分類例

リスク大分類	リスク小分類
経営リスク	企業統治リスク，業務管理リスク，ブランド戦略リスク，資源配分リスク，事業管理リスク　等
財務・経理リスク	会計制度リスク，税務管理リスク，資金調達リスク，金利変動リスク，為替変動リスク，株価変動リスク，保険契約リスク　等
法務リスク	業法不適合リスク，知的財産権リスク，契約トラブルリスク，非社会勢力対応リスク　等
人事リスク	人材流出リスク，労務管理リスク，労災リスク，ハラスメントリスク，社員不祥事リスク，モラル・モラール低下リスク，疾病・事故リスク　等
営業・販売リスク	在庫管理リスク，顧客対応トラブルリスク，信用リスク　等
購買リスク	調達不調（量・品質）リスク，原材料高騰リスク　等
製造・技術リスク	開発技術力低下リスク，生産管理リスク，生産停止・能力低下リスク　等
製品サービスリスク	品質管理リスク，製品回収リスク，製品タンパリングリスク　等
広報リスク	広報対応リスク，情報公開リスク，風評リスク　等
情報リスク	情報システムリスク，情報セキュリティリスク，ソフトウェア管理リスク，情報漏洩リスク　等
設備・社屋リスク	火災爆発リスク，自然災害リスク，設備老朽化リスク，物理的セキュリティリスク（資産盗難等）　等
環境リスク	環境汚染・負荷リスク，近隣苦情リスク，産業廃棄物リスク　等
カントリーリスク	政情リスク，治安リスク，差別問題（宗教，人種等）リスク，文化摩擦リスク，現地法対応リスク　等

2.2.2　リスクの大きさの把握

　リスクの大きさは，対象とするリスクの影響結果の大きさとその事態の起こりやすさを割り付けるリスク算定作業を行うことで把握する．

　リスク算定の方法は，対象とするリスクと求められるレベルによって様々であるが，ここで対象とするような複数のリスクを総体的にとらえるためには，一般にランク評価を行うことが多い．ランク評価するための影響の大きさや起こりやすさの判断基準の例をそれぞれ，表 2.4，表 2.5 に示す．

2.2 全社経営の視点によるリスクの把握　　59

リスク分類		リスク内容		リスク関連部署	既存対策	
No.	分類名	主な原因	主な結果		実施対策	効果
A01	事業管理	営業店舗展開基準の不徹底	不採算店舗の増大（□□%の店舗）	経営企画	なし	無
B03	品質不良	材料仕入れ時の品質チェック不備	△△ロットで製品不良となり納品遅延・違約金支払い	商品管理部	品質チェックマニュアル	中
D09	営業違反	下請法管理不備	摘発を受けて業務指導となる	販売促進部	営業マニュアル	低
F01	情報漏洩	社内システムへのアタック	○○人分の顧客個人情報漏洩	情報システム部	ファイヤーウォール	高

図2.2　全体リスクの抽出帳票のイメージ

　組織全体が抱えているリスクを把握する場合，リスクの種類は多岐に渡るが，それらを同一基準で判断するのは一般に困難である．また，リスクの大きさは外部から自動的に算定されるものでもなく，その組織の状況や影響対象などによっても変化する．したがって，組織自体がどのような観点でリスクを評価するかという視点をまずもつことが重要である．企業などの組織では一般に金銭的な影響をとらえたいと考えることが多いが，影響の現れ方はすべてが金銭影響となるわけではなく，金銭換算が難しいものもある．そうであっても，組織活動に支障を来し，目標を達成できなくなるのであればリスクとして評価する必要がある．そのために，組織として避けたい影響の形態を十分協議した上で，判断尺度を複数用意することが以後の作業を円滑にする（図2.3参照）．

　また，起こりやすさについても，実施したいリスクマネジメントの目的に照らし合わせて，とらえるべき期間などを設定する．例えば，特定プロジェクト期間のリスクを重点的に管理したいのであれば，そのプロジェクト期間における起こりやすさをランクづけすることになる．企業などで中期計画の達成を念

表2.4 影響結果の大きさの判断基準の例

ランク	判断尺度	基準例
大	財務	5億円以上の利益の変動，損失
大	死傷	第三者の死傷
大	報道	テレビ，全国紙レベルのトラブル
中	財務	1〜5億円以上の利益の変動，損失
中	死傷	従業員・会社関係者の死傷
中	報道	地方紙レベルのトラブル
小	財務	1億円未満の利益の変動，損失
小	死傷	軽傷者の発生
小	報道	噂レベルのトラブル

表2.5 起こりやすさの判断基準の例

ランク	判断尺度	基準例
高	経験	自分が経験したことがある，若しくは社内で見聞することが間々ある
高	頻度	1年に1回以上，起こり得る
中	経験	社内や社外で発生したことがある
中	頻度	5年に1回以上，起こり得る
低	経験	他社などではまれに起こっている
低	頻度	5年に1回未満の頻度

頭にリスクマネジメントを実践する場合は，一般に3年くらいを基準の一つに置きながらその間に起こる可能性の高低で評価するようなイメージである．

複数尺度を用意することによって，財務影響は"中"だが，社会的なインパクトとしての報道レベルは"大"というようなリスクも考えられる．このような場合は，原則としては大きな影響結果や高い起こりやすさを選択したほうが，判断を誤らなくてよい．ただし，あくまで影響結果の大きさと起こりやすさは組合せで考えるべきであることも重要である．例として，阪神淡路大震災のよ

2.2 全社経営の視点によるリスクの把握

リスク分類		リスク内容		リスク関連部署	既存対策		リスクサイズ		対応方針
No.	分類名	主な原因	主な結果		実施対策	効果	発生確率	結果規模	
A01	事業管理	営業店舗展開基準の不徹底	不採算店舗の増大（□□％の店舗）	経営企画	なし	無	低	大	保有
B03	品質不良	材料仕入れ時の品質チェック不備	△△ロットで製品不良となり納品遅延・違約金支払い	商品管理部	品質チェックマニュアル	中	中	中	低減
D09	営業違反	下請法管理不備	摘発を受けて業務指導となる	販売促進部	営業マニュアル	低	中	大	低減
F01	情報漏洩	社内システムへのアタック	○○人分の顧客個人情報漏洩	情報システム部	ファイヤーウォール	高	低	大	共有

図 2.3　全体リスクの抽出帳票とリスク評価のイメージ

うな大規模な地震の影響は"大"になるが，そう毎年何度も起こるわけではない．一方，影響が小さいような地震一般を考えれば，年に数回起こっても不思議ではない．このような場合に，同じ地震だからといって，"大"，"高"と評価するのは誤りである．どちらのシナリオ（大規模地震と頻度の高い小規模地震）を重視するか考えて，該当する側のランクを採用する．どちらも重要と考える場合は，それぞれ別のリスクとして算定することが必要である．

なお，影響結果の大きさや起こりやすさとしてとらえたい範囲の幅が広い場合や，細かく管理したい場合などは，ランク数を増やすことになる．しかし，筆者の経験では，一般に評価者が判断できる区分数は5区分ぐらいであり，多くとも7区分ぐらいに留めるほうがよいと考えている．

2.2.3 リスク評価

(1) リスク評価の考え方

　第1章でも記述したように，事業目的の達成を阻害するリスクを抽出し，それらを影響の大きさ（影響規模）とその起こりやすさを算定して2次元図上のリスクマップにより表現することができる．基本的にはそのような図などを利用して，リスクへの対応を評価していく．ただし，リスクの評価はリスクの大小だけで決まるものではない．ISO 31000のリスクの考えに基づけば，求める結果とそれが得られない場合の結果の大きさの比較やリスクをとることで得られる便益の比較などによっても評価される必要がある．これを一般にリスク・ベネフィット分析または評価と呼ぶ．例えば，自動車を製造販売することは，収益の変動という自組織の影響のほかにも，人身事故や環境負荷という社会的な影響を与える一方，大きな経済効果や所有者の利便性等の大きな社会的便益も生み出している．農薬の製造なども同様な構図である．これらに携わる組織は事業そのもののリスクのほかにも一般には評価軸の異なる便益も含めてリスクを評価することが求められる場合もある．また，組織の体力が大きなところでは，積極的に大きな成果を求めて幅広く分布するリスクを保有する場合もあり得る．一方体力の小さな組織では，結果としての分布が広い場合にそのネガティブな部分を受け入れられないこともある．これらを総合して判断していくのがISO 31000でのリスク評価ともいえる．これらのイメージを図2.4に示した．

　とはいえ，成果を阻害する構成要素としてのリスクに焦点を当てた場合は，好ましくない影響を小さくするための評価をすることも多い．図2.5には評価軸の異なる便益は割愛し，リスクマップを利用した好ましくない影響に関するリスク評価の考え方を示している．また，図2.6は内部リスク・外部リスク，コアリスク・ノンコアリスクの区分を使った表現を例示している．内部リスクとは，これは自組織独自の判断や活動で影響を受けるリスクであり，外部リスクとは，自組織の努力では，あまりコントロールすることができないようなリスクと呼ぶ．また，コアリスクとは組織が能動的にとるべき収益の源泉として

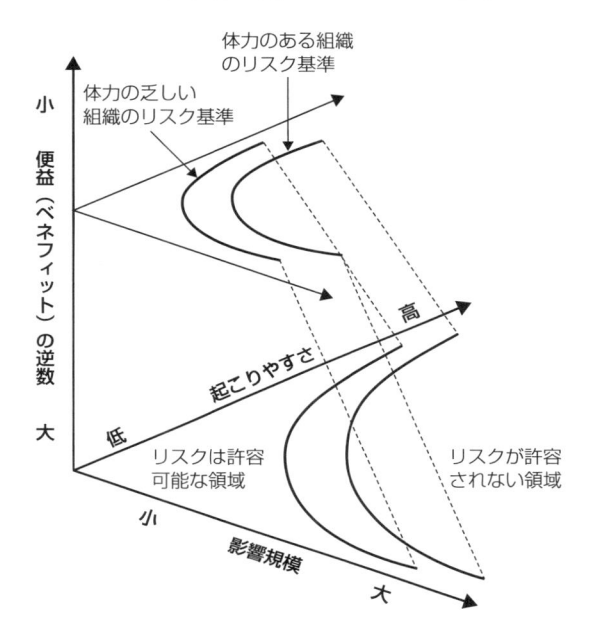

図 2.4 リスク・ベネフィットを考慮したリスク空間での評価イメージ
出所：「中小企業向け化学物質のリスクアセスメントテキスト」中小企業
総合事業団（平成11年度）を参考に作成．

のリスクであり，ノンコアリスクは事業遂行に付随してとらざるを得ない（できれば回避したい）受動的なリスクを呼ぶ．例えば，為替変動リスクは，投資ファンドなどにとっては自らのディーリング能力をフルに発揮して収益の源泉とすべきものである．一方，海外進出をしたメーカーであれば，為替変動は獲得した外貨の価値を低下させるかもしれないリスクであり，できればそのリスクはとりたくない．そのため，決済通貨をあらかじめ定めたりスワップ取引をしたりする．このように同じ為替変動リスクであっても，投資ファンドにはコアリスクであり，一般メーカーにはノンコアリスクに近いものといえる．なお，内部リスク・外部リスクもコアリスク・ノンコアリスクはゼロイチで区別されるものでなく，どちらにより近いかを示すものである．

【リスクマップを基にした評価1】
領域A：リスク低減，回避領域
領域B：リスク保有，低減，共有領域
領域C：リスク保有，確率低減，監視領域
領域D：リスク保有領域

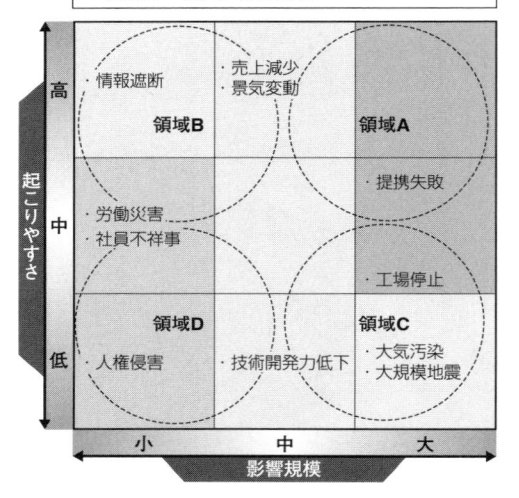

図2.5　リスクの大きさによるリスクマップの例

このような観点から，様々なリスクであってもどのような管理が適しているかという観点で対応の優先順位を決めていくことが必要である．

(2) 全社経営の視点によるリスクの俯瞰と管理

先に示した，リスクマップを用いて，組織が保有しているリスクの全体像を俯瞰した様子を図2.7に示した．この図はあくまで一例であるが，経営トップなどは，個別のリスクを一件ずつ見ていく時間がとれない場合であっても，自組織のリスク像を把握し，さらに主要なリスクとしてどのようなものがあるのかは，知っておく必要がある．

また，この全体図の基になるリスク自体の情報も図2.8のようなリスク管理台帳の形式にしてまとめていく必要がある．この管理台帳は先に利用したリス

2.2 全社経営の視点によるリスクの把握

【リスクマップを基にした評価2】
領域Ⅰ：リターンの最適化，適切管理，リスク低減
領域Ⅱ：情報収集，モニタリング
領域Ⅲ：リスク共有，リスク保有
領域Ⅳ：適切管理，リスク低減（管理強化）

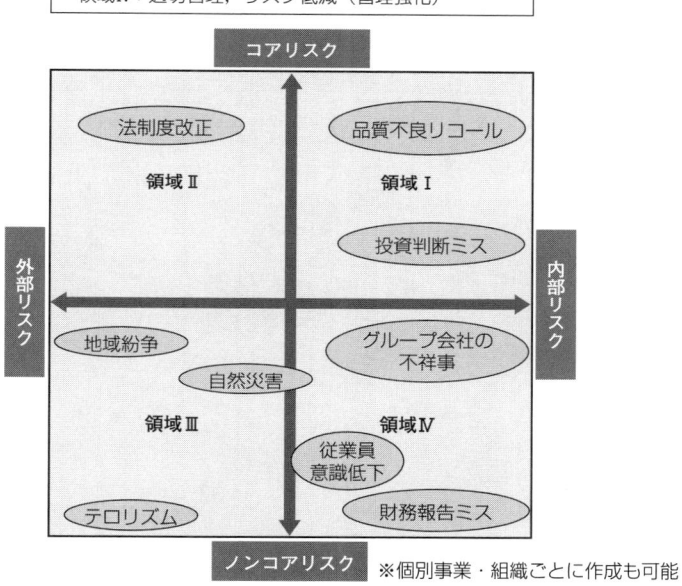

図2.6　リスクのコントロール性などによるリスクマップの例

ク抽出帳票を利用したものである．後段の章で解説する個別分野のリスクマネジメントの結果も踏まえ，抽出された各リスクについてどのような検討や対策が施されているかを記載してまとめたものである．

このような全体像を定期的にチェックして，対策の優先度などの判断に用いていくことが望まれる．

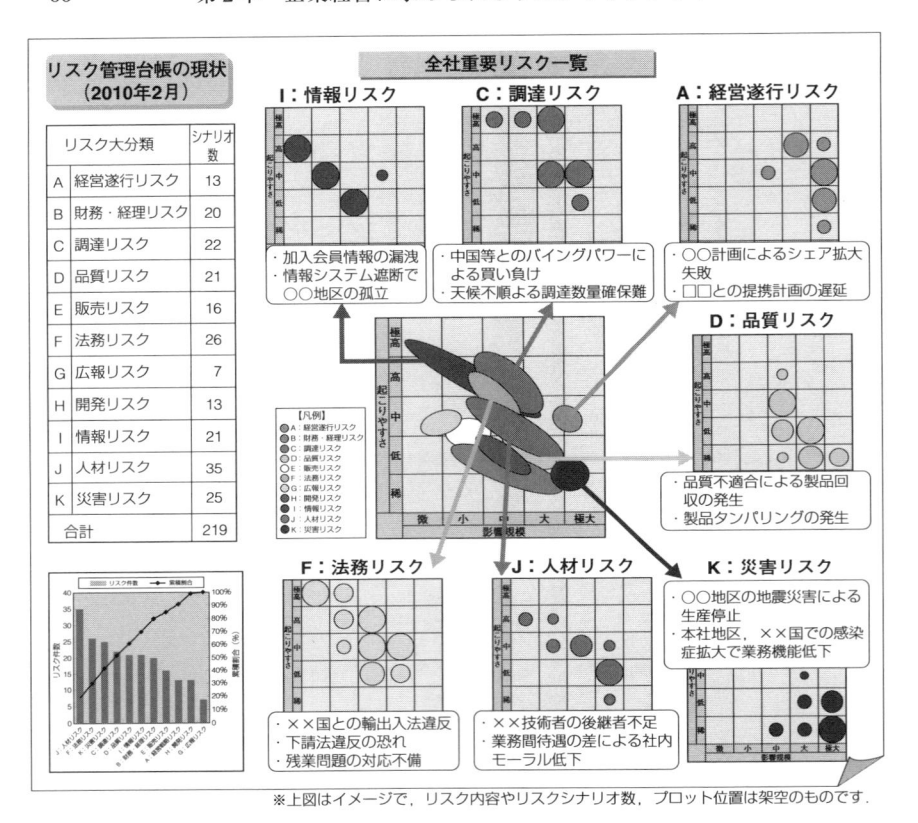

図2.7 全体リスクの一覧イメージ

2.3 個別分野のリスクマネジメントの展開

前節では全社経営の視点によるリスクの把握を解説した．その手順の中でも各リスクの大きさを検討し評価する作業を行ったが，その情報だけを基にしてリスク対策を検討しようとすると無理があることに気づく．無理でないとしても，ごく当たり前の対策を立案して終わりという場合がよく見られる．しかし，実際には前節で抽出されたリスクの中には様々な原因や影響の幅があるのが実

2.3 個別分野のリスクマネジメントの展開

登録番号	リスク分類		リスク内容		既存対策	リスクレベル		対応方針	対策内容	状況	次回チェック	備考
	No.	分類名	主な原因	主な結果		発生確率	結果規模					
H18-001	A-01	事業計画	営業店舗展開基準の不徹底	不採算店舗の増大（□□%の店舗）	し	低	大	保有			07/12/1	
H18-002	B-03	品質不良	材料仕入れ時の品質チェック不備	△△ロットで製品不良となり納品遅延違約金支払い	品質チェックマニュアル	中	中	低減	品質マネジメントシステム内にチェック方法を加える	展開中	06/12/1	
H18-003	D-09	営業違反	下請法管理不備	摘発を受けて業務指導となる	営業マニュアル	中	大	低減	再教育と外注申請システムの導入	計画中	06/12/1	
H18-004	F-01	情報漏洩	社内システムへのアタック	○○人分の顧客個人情報漏洩	ファイヤーウォール	低	大	分担	個人情報保険の導入	計画中	06/12/1	

図 2.8　全体リスクの管理台帳のイメージ

態である．それを認識していると，おいそれと対策決定や対策の実践に移ることはできない．

そこで，必要となるのが個別分野のリスクマネジメントである．個別分野のリスクマネジメントの実例のいくつかは第4章で紹介するが，ここでは個別分野のリスクマネジメントと全社経営の視点によるリスクマネジメントをどのようにつなげるかを中心にまとめる．

2.3.1　個別分野のリスクマネジメントの対象

個別分野のリスクマネジメントは，基本的には全社経営の視点に基づくリスク把握によって重要と認識され，対策などを検討する必要があると判断されたものが対象になる．したがって，対象とするリスクの大前提は大きなリスクであることである．

ただし，実際の実務の場面では，リスクの大小だけで判断されるものでもないし，リスク大と判断されるものが多数あった場合に時間や人手が足りないよ

うなケースも考えられる．このような場合も含めて，どのようなリスクを対象として個別のリスクマネジメントにつなげるかの判断軸として，以下のような観点がある．

(1) 組織方針に則って重要リスクを選定する

企業などであれば，各年度の方針や中期計画での重要方針などを策定している場合がある．その方針に沿って，顕在化させたくない事態に関連するリスクを選定するというものである．

例えば，環境負荷低減の大方針を掲げているような場合，環境に影響するような事故を防いだり，事業活動における業務効率に影響するようなリスクを選定したりする．また組織が社会的規範の順守強化を大方針に掲げているような場合は，法令関係のリスクや従業員行動を想定した人事リスクやコンプライアンスリスクなどを対象とする．

(2) 社会的な要請に則って重要リスクを選定する

組織方針と共通する場合もあるが，社会的な要請に沿って重要なリスクを選定する場合もある．例えば，法改正が行われて，自組織においてもその法改正に伴って対応しなければいけなかったり，影響をしっかり見極める必要があったりするようなケースである．具体的には，下請法が改正されたことによって，自組織の外注の状況の見直しや金融商品取引法の改正に伴って，財務の信頼性が損なわれるおそれがないかを検討するケースがある．これら以外にも，例えば食品業界の企業であれば，食品への信頼感が揺らいでいる社会状況を受け，自社の食品表示のトラブルが起こり得ないかを重要リスクとして選定するようなことも考えられる．

(3) リスクの性質・状況に則って重要リスクを選定する

もう一つの考え方は，リスクの性質やその状況によって判断するものである．これは主に，重要と考えるリスクは多くあるが，すべてを選定するにはリソー

スが不足するようなケースに用いられる．

例えば，先述したように，リスクの分類の一つに内部リスク・外部リスクという考え方がある．どちらも影響を受けるという点では同じであるが，まずは自助努力で影響を変えることが可能な内部リスクを中心に選定するという考え方も実際には有効である．

また，既に対策を様々講じているリスクとほとんど手を打っていないリスクを区別して，手付かずのリスクを優先して選定するという考え方もある．このようなリスクの状況を明らかにして，重要なリスクを選んでいくということも実際に用いられる．

2.3.2 個別分野のリスクマネジメントの実践組織

個別分野のリスクマネジメントの対象が定まったあと，どのような主体がそのリスクマネジメントを実践するかという課題も頭を悩ます問題である．基本的には以下の三つの考え方がある．

（1）リスクオーナーの組織が実践する

一番多いパターンが，既存の事業組織の中で当該リスクの全貌把握や管理主体となる組織が担当するものである．

法務部が契約トラブルにまつわるようなリスクに対してリスクマネジメントの実践組織を担ったり，製造部門が製造施設の事故に関するリスクを取り扱ったりするようなタイプである．

この際，注意すべきなのは，必ずしも当該組織内でリスク要因がクローズするわけではないという点である．リスクマネジメントの担当は当該組織で行うが，必要な情報はその他の組織の協力も得ながら実践する必要が生じる．その際，重要となるのは，トップのリスクマネジメントに対する関与であり，そのような活動が組織内で行われていることの周知と協力要請である．

(2) 委員会等の既存の横断組織が実践する

次に考えられるのは，既に組織に存在している委員会やその下の分科会などを利用して，それらの組織にリスクマネジメントも担当してもらうやり方である．例えば，品質マネジメントシステムや環境マネジメントシステムが運用されており，そのような活動の中でリスクをとらえてもらえれば効率的な場合は，そのシステムを所管している委員会などで検討してもらう方法である．ただし，実際には委員会は決議する機関として位置づけられている場合も多く，そのような場合には事務局や委員会の下部組織がリスクマネジメントを担うことになる．

(3) タスクフォースチームが実践する

最後が，当該リスクのマネジメントに適した関係者を集めたタスクフォースチームを組織するものである．これは，最もリスクを多面的に検討したり，抜本的な対策立案が出来たりするものだと考える．ただし，構成するメンバーに対しては，日常業務外の活動を要請することになり，タスクフォースチームの遂行には参画するメンバーの各部署が配慮する必要がある．

また，参画メンバーの立場により，利害関係が存在するようなリスクの場合はその運営にも注意が必要である．先述したリスクオーナー組織でも既存横断組織でも必要だが，タスクフォースチームの場合は，組織全体の観点でリスクマネジメントを行っていることを意識することが特に重要である．

さらに，最終的にはチームが解散することも念頭に置き，リスクマネジメント結果を受けて対策費用などは全社的に判断して投下する必要がある．

2.3.3 個別分野のリスクマネジメントの結果の取扱い

個別分野のリスクマネジメントの結果はその担当組織内で処理されればよいというものではない．組織全体のリスク把握から始まったのであるから，基本的にはその活動内容は組織全体で共有できるようにしておくべきである．特に組織のトップにはどのような状況になっているかを把握できるようにすべきで

ある．また，リスクの多くは継続管理していかねばならないことが多く，別の者がリスクマネジメントを引き継いだ際にも，過去どのような検討がなされたかがわかるようにしておく必要がある．

一つの工夫は，全社経営の視点によるリスク把握に用いたリスクの一覧台帳などにその進捗情報を記載して管理することである．進捗状況を"リスク分析""対策検討"，"対策実施中"，"対策済み"といった区分で管理することで全体リスクとのつながりができる．

2.4　リソースの配分と注意事項

経営者は，リスクマネジメントに必要なリソースを的確に配分する責務がある．

リスクマネジメントに必要なリソースとは，担当組織，人員，作業時間，費用，技術など複数存在する．このリソースの十分性は，達成しようとする目標の重要性，リスク分析の困難さによっても異なる．

さらには，リスクマネジメントのリソースの十分性は，リスクマネジメントの内容のみではなく，他のマネジメントの作業との兼ね合いによっても定まる．リスクマネジメントに必要な人材を指名しても，その担当者が多くの業務を兼務しているような場合は，必要な担当者の人員を指名したことにはならない．

リスクマネジメントに関する業務をいつ，どのような活動を行うかという計画を立て，その計画が無理なく実施できるようなリソース配分を実施することが重要である．

また，リスクマネジメントを効果的に実施するには，各担当者の教育訓練が必要であり，そのための計画も策定する必要がある．

残念なことに，せっかくリスクマネジメントシステムを導入したにもかかわらず，リスクマネジメント業務や費用面を含めたリソース配分が現場組織の担当者任せになってしまう状況がしばしば見受けられる．こうなると，現場にはリスクマネジメントを実践すると自分たちの仕事が増えるという意識が芽生え

てしまう危険性がある．こうした状況は，重要リスク案件として現場組織から提示された内容を，経営者により議論する機会が不足していることによって生じることが多い．経営者により重要リスク案件が議論される機会をもつことで，現場組織では手当てが困難であった対策費用を全社的視点から見直すことができる．リスクマネジメントに伴うリソースが経営からの意思決定によって手当てされることを社員が認識するようになれば，全社的な活動として現場組織の担当者の意識も変化していく．リスクマネジメントを重要と考えるのであれば，経営者は"頑張ってくれ"という掛け声だけではなく，しっかりとした時間の確保や費用面を含めたリソースを当てる用意があることについて，行動をもって示すことが重要である．

■コラム　目標達成のために経営者が実施すべきこと

　リスクマネジメントが，組織目的を達成するための手段であるとすれば，組織目的を定めた組織ミッションを明確にして，そのミッションを達成するためのリスクマネジメント方針，その達成度を測るリスクマネジメント指標を明らかにすることは，重要なことである．リスクマネジメント目標は，他の組織目的と遊離して存在するわけではなく，他の目標と連動してマネジメントを実施していくものである．なお，リスクマネジメント方針に社会規範としての法規に抵触する方針を定めることが許されないのは，いうまでもない．

　また，リスクマネジメントを実施する上で，必要な資源を用意することは，その実効性を確保する上でも大切なことである．そして，組織全体でリスクマネジメントを実行するためには，内外のステークホルダにリスクマネジメントの必要性や有効性を説明し，納得をしてもらうことが重要である．

　経営者は，リスクマネジメント方針を確立する必要があるが，リスクマネジメント方針にはリスクマネジメントに関する組織の諸目標及び公約を

明確に記述することが望ましく，ISO 31000によると，通常，次の事項について言及することが期待される．

- リスクを取り扱うことに関するその組織における論理的根拠
- 組織のもろもろの目標及び方針とリスクマネジメント方針とのつながり
- リスクを取り扱うための義務と責任
- 相反する利害への対処の仕方
- リスクを取り扱う義務及び責任をもつ人々を支援するために必要な資源を利用可能にすることの明言
- リスクマネジメントの能力の測定及び報告の仕方
- リスクマネジメントの方針及び枠組みを事象又は周辺環境の変化に応じて，若しくは定期的に見直し，改善することの明言

　こうして作成したリスクマネジメント方針は，適切に伝達することが望ましい．

第3章　経営と現場部門に求められる
　　　　リスクマネジメントの仕組み

　組織におけるリスクマネジメントは，マネジメントという言葉が示すとおり，本来は経営者が率先して実施するものである．ただし，経営者がすべてのリスクの状態を把握し管理策の実践を指揮することは現実には困難である．したがって，ある部分からは現場部門に任せることが必要となる．その際，経営と現場部門として意識すべき事項を本章にまとめる．

3.1　活動体制の構築と適切な運営

3.1.1　組織経営と現場部門をつなぐリスクマネジメントの問題点

　リスクマネジメントの仕組みの構築に際して検討すべきことは，企業における判断レベルは，それぞれの階層によって異なるため，各層で必要なリスクマネジメントの仕組みをその要求に応じて変更することである．

　特に，経営層では，全社の経営判断を行うためには，企業のすべてのリスクを相対的に比較できるような仕組みが必要であり，事業現場の業務活動の検討には，具体的な行動が業務に及ぼす影響を検討できる仕組みが必要である．

　そして，企業において組織目標の達成を確実に行うためには，この両者を有機的に連携させる仕組みを構築する必要がある．

　本来のリスクマネジメントは，全社経営目標から，全社リスクを整理して，その全社リスクの詳細を個別の担当部署で詳細に分析し，また全社的な視点で評価し，対応策を実施していくというステップをとる（図3.1参照）．このステップの中で事業所別のリスクマネジメントを組み込むこともある．

　上記のように，全社経営目標からリスクを整理するステップや全社的な視点でリスクを評価するステップを組み込むことにより，個々の個別分野のリスクの分析が，経営最適化へつながる仕組みをつくり上げることができる．

第3章　リスクマネジメントの仕組み

```
全社経営                    部門経営・現場管理
経営目標の設定 ──────→ 部門目標の設定
    ↓                          ↓
全社としてのリスク整理 ──→ 部門としてのリスク特定
    │     ↓                    ↓
    │    個別のリスク分析 ←─────┘
    ↓     ↓                    ↓
全社としてのリスク評価      部門としてのリスク評価
           ↓         ↓
           リスク対応
```

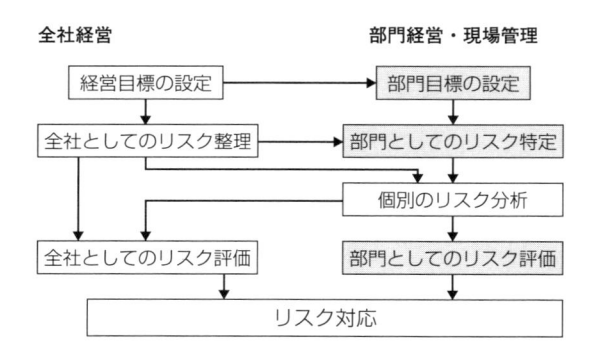

図 3.1　全社視点と現場視点の本来のリスク分析の流れ

しかし，実際に実施されていることは，図 3.2 に示したように，まず現場で気づいた視点でリスクの把握を行い，自分達の権限で可能な範囲で対策を打つ場合が多い．

把握したリスクが大きい場合は，全社へのリスク報告がなされ，全社的対応の枠組みで検討される場合もある．この枠組みでは，リスク分析の成果により，どこまで安全レベルが向上したかということの判断が難しい．

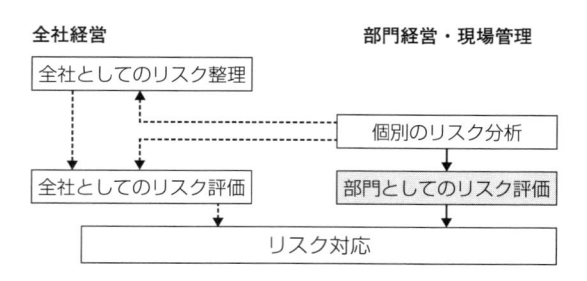

```
全社経営                    部門経営・現場管理
全社としてのリスク整理
       ↑ ⇠⇠⇠⇠⇠⇠⇠⇠⇠⇠⇠ 個別のリスク分析
       ↓                          ↓
全社としてのリスク評価 ⇠⇠⇠ 部門としてのリスク評価
           ↓         ↓
           リスク対応
```

図 3.2　現状で見られるリスク分析の流れ

しかし，図 3.3 に示すように全社の視点で，事業部のリスク分析へと考えていく際，その判断レベルによってリスクの集約の仕方が変化することに注意が必要である．

3.1 活動体制の構築と適切な運営　　　　77

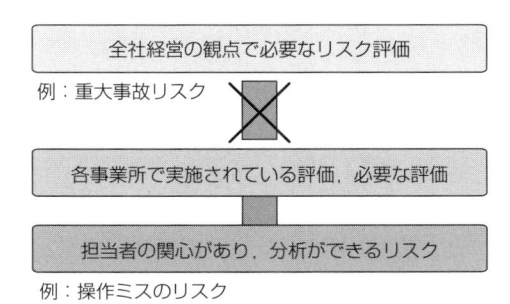

```
┌─────────────────────────────┐
│  全社経営の観点で必要なリスク評価  │
└─────────────────────────────┘
    例：重大事故リスク     ╳
┌─────────────────────────────┐
│ 各事業所で実施されている評価，必要な評価 │
└─────────────────────────────┘
┌─────────────────────────────┐
│ 担当者の関心があり，分析ができるリスク │
└─────────────────────────────┘
    例：操作ミスのリスク
```

図 3.3　全社視点と現場視点のリスク視点の差異

経営レベルで安全に関する判断をする場合は，例えば，重大事故というレベルでのリスクのまとめが必要となるが，事業現場で担当者が留意している行動は，例えば"○○の作業ミス"といった個別のリスクレベルである．

この異なった二つのレベルのリスク分析を有機的に連携するためには，図に示すような事業現場運営視点のリスクと全社経営視点のリスクを関係づけるリスクの連関マップが必要である．

3.1.2　経営と現場をつなぐ仕組み

経営と現場をつなぐ仕組みを図 3.4 に示す．

経営における適切なマネジメントを行うためには，経営目標を達成するために必要な全社経営視点のリスクを定める必要がある．

さらには，この全社経営視点のリスクと現場運営視点のリスクの関係を整理したリスク連関マップを会社ごとに作成する必要がある．このリスク関連マップは，組織ごとに異なるものである．

さらに，組織が目標とする組織目標の確実な達成のためには，図 3.5 に示すように経営目標の達成には，どのような状況を達成すればよいかという視点で，目標達成の構成要素として個別の業務目標を整理して，その阻害要因をリスクと位置づけて分析を行うことが必要となる．

また，社内外の環境変化によって，阻害要因自体も変化するためリスク顕在

化のメカニズムを検討する際には，内外の環境変化からリスク顕在化までのシナリオを検討することが望ましい．

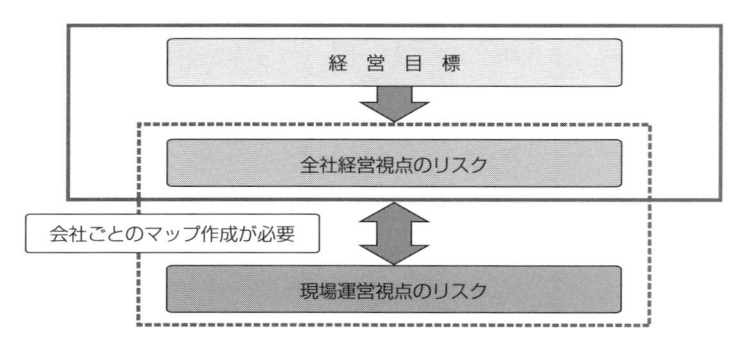

図3.4 全社経営視点のリスクと現場運営視点のリスクの関係

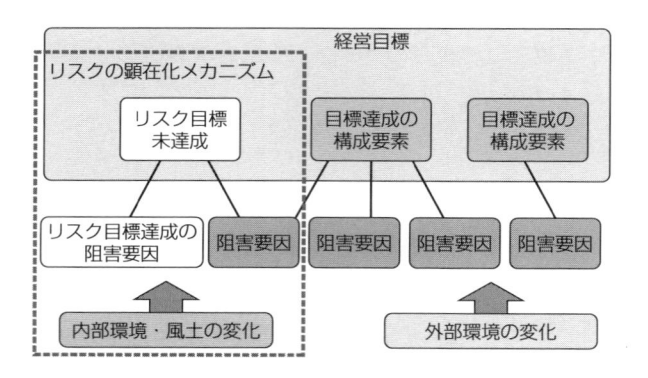

図3.5 経営目標を達成するために必要なリスク顕在化シナリオの把握

3.2 現場部門のリスク抽出の観点

　現場部門が組織全体のリスク把握に協力する場合，現場でも，どのようなリスクを抽出するかという観点は重要である．ともすると，現場でよく直面する日常的なトラブルにばかり目が行きがちになる．そのようなリスクが組織とし

て重要な意味をもつ場合もあるが，あくまで現場部門で対処すれば済む課題であることも少なくない．

　ここで重要となるのは，会社などの組織全体で目標としているものを現場部門でもしっかり認識し，その事業成果の目標に影響を与えるようなリスクを的確に抽出することである．このためには，組織の経営者がどのような観点でリスクを把握したいかという部分を明確に伝えることも忘れてはならない．その組織全体の観点に照らし合わせて，現場部門が抱える業務のぶれがどのような影響を与えるか，また業務のぶれとしてどのようなものがあるかを検討してリスクを抽出することが重要である．

　もう一つ重要な観点は重要リスクの見落しを防ぐという観点である．現場に関連するリスクが複数部門にまたがるような場合や，どちらの所管か不明瞭な作業なども実際にあり，そのような場合はリスクとして抽出するのに躊躇する場合がある．ここで双方の部門が譲り合って抽出を怠ると，その後のリスクアセスメントや対策検討の遡上に上がることはない．このようなリスクを見逃さないためにも，多少現場部門の守備範囲を広く目を配ることを忘れてはならない．

3.3　実践するリスクマネジメントのレベル

　現場部門においてリスクマネジメントを実践していくとき，そのリスクを深掘するためのリスクアセスメントの作業を行うことになる．

　このアセスメントのやり方は多様な方法があるが，とにかくリスクの要因や影響を明らかにすればよいというものではない．

　あくまでも，経営陣を含む意思決定者や同様のリスクに直面する組織メンバーが合理的に理解でき，判断できることが重要である．アセスメントというと難解な分析を詳細に行い，その分析の過程から細かい発生確率や影響金額などを算定することだけがリスクアセスメントではない．時にはそのような詳細度が必要な場合もあるかもしれないが，経営の意思決定にはそのような数値は不

要な場合もある．この1年以内に起こり得るのかどうか，起こった場合1億円を超えるのかどうか，などがわかればよいケースもある．このように必要な情報を必要なところに提示できるようにアセスメントを進めるべきである．当然，現場部門だけでは判断しかねる場合は，どのような情報が必要かという点をアセスメントに入る前に意思決定者などと協議すべきである．

　なお，経営陣などの意思決定者に提示すべき情報はリスクの内容や大きさだけに限らない．リスクアセスメントやリスク対策に必要な時間，対策費用なども明示する必要がある．組織の貴重なリソースをそのリスクマネジメントのためにどの程度割くかという判断を促すためでもある．また，対策を立案した場合，その対策効果も合わせて提示することが望まれる．

　さらに，リスクアセスメント結果は同じ現場にいるメンバーにも共通するものであり，彼らにも共有することが重要なケースが多い．このような場合を想定して，実際にリスクアセスメントに携わった者はどのような観点でリスクをとらえ，どのような要因まで考えたかなどをわかるように文書として残していくことが必要である．そして，リスクマネジメントの対象となったリスクは一般にはなくなることはなく（なくなるのはリスク回避を選択したケース），過去に発見されたリスクは常に保有しているという意識をもちながら業務活動を行うべきである．

■コラム　リスクマネジメントにおけるアカウンタビリティと検証

　リスクマネジメントを実施する上では，その責任の所在を明らかにすることが重要である．当然のことながら，リスクマネジメントに関する責任は，様々である．リスクマネジメントの仕組み自体を計画どおりに運営する責任から，一つひとつのリスク分析のレベル確保などに至るまで，リスクマネジメントの各ステップにおいて，各人が自分の責任を果たすことが求められる．そして，組織は，この責任体系を明確に定め，各人に周知させる必要がある．

　また，経営者には，説明を行うことも含むリスクに関する責任，すなわちアカウンタビリティがある．なお，ここでいうアカウンタビリティは，説明責任と訳されることが多いが，アカウンタビリティという概念は，ただ説明を行えばよいというわけではない．実施すべきことに対してしっかりと責任のある行動を行った上で，ステークホルダに対する責任をももつということである．

　また，リスクマネジメントの実行において，それぞれのステップが十分な能力のもとに実施されていることを検証し，担保していくことを求めている．

　このことを実現するために，ISO 31000 では，次の事項が重要と規定されている．

- 諸リスクを取り扱う義務及び権限をもつリスク担当者を明確にすること．
- リスクを取り扱うための枠組みの構築，実施，維持管理に責任をもつ人を明確にすること．
- リスクマネジメントプロセスに関して，組織のあらゆる階層で，人々の前述以外の責任を明確にすること．
- 能力を測定し，並びに外部及び／又は内部に報告し，段階的に拡大していくプロセスを構築すること．
- 認定の適切なレベルを明確にすること．

第4章　個別分野のリスクに対するリスクマネジメント

本章では，これまで述べてきたリスクマネジメントの考え方を，個別分野に適用した事例を示す．

ISO 31000の内容は，いまだ具体的な事例が多くないため，その理解が難しいケースも多いと思われる．本章の事例により，ISO 31000の各分野への適用のイメージができれば幸いである．

4.1　新事業の実行におけるリスクマネジメント

企業などは，事業のプロセスや環境に内在するリスクを適切にコントロールしながら事業効率を高めるとともに，イノベーション力を発揮することで事業の拡大や展開の機会を発見し，これに適応することによって持続的な成長を実現する．企業の新陳代謝を繰り返す過程では，ビジネスモデルの創出，新事業の実行と定着，事業の安定化と効率化を目指すサイクルが，同時並行的に実行されている．

新しい製品やサービス，新しいやり方，新しい顧客を対象にするときには，リスクマネジメントが必要となる．しかしながら，企業の安定基盤であり，持続的な成長を目指し継続的な改善を図る既存事業と比較し，新事業ではリスクマネジメントで重視すべき点が異なってくる．本節では，新事業の実行が，既存事業の管理と何が異なり，どう対応していくことが望まれるかを記す．

4.1.1　事業推進の仕組み

事業目標を達成するために，事業に関する様々な情報を整理し方策を立てて事業計画が作成される．事業計画の中には図4.1に示すとおり，計画立案者が把握する事実，予測とともに，立案者の意志，願望が混在している．事実以外

84　第4章　個別分野のリスクに対するリスクマネジメント

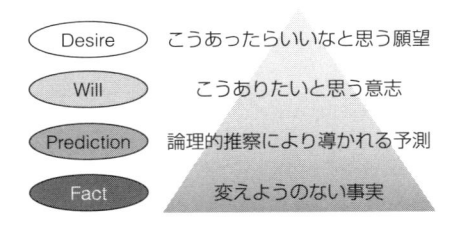

- Desire　こうあったらいいなと思う願望
- Will　こうありたいと思う意志
- Prediction　論理的推察により導かれる予測
- Fact　変えようのない事実

図 4.1　事業計画の前提に含まれる内容

は不確実なものであり，その度合いも異なる．事業リスク管理は，この不確実な要素をコントロールしていくことに他ならない．

　事業の分類には多様な視点が考えられるが，企業が保有する技術性と事業の市場性を軸に，現在保有する事業や研究開発・投資候補の事業を図 4.2 にマッピングすれば，企業の成熟度が評価できる．将来の市場予測手法は数多く存在するが，確定論として未来を描くことができる手法はない．そのため，ブレークスルーを目指すような新事業を実行しようとする場合，事業計画には，市場における偶発的な因子として，計画立案者の意志や願望といった不確実性の極

事業領域（新規技術／保有技術）

- 一定の市場規模が見込まれ，技術的対応が課題
- 市場規模，技術的対応ともに不確実な戦略的領域
- 一定の市場規模を有し，技術的対応の目処がある（収斂領域）
- 技術的対応の見込みはあるが，市場見込みが不確実

市場性（予見的／偶発的）

■ 持続的成長　　□ ブレークスルー

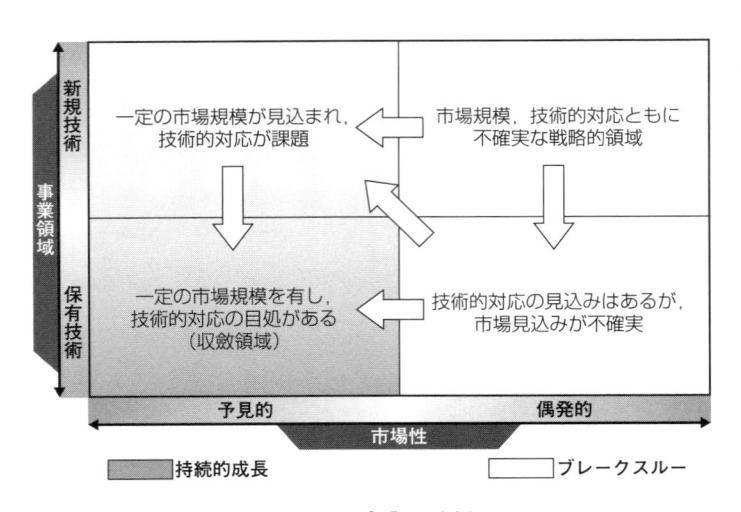

図 4.2　事業の分類

めて高い要素が数多く含まれていると見る必要性がある．

　成長の中長期目標を実現しブレークスルーを生み出すため，図4.3に示すように，ビジネスモデルを創出する最初の段階では，企画開発のために一定の資源を投入しながら，不確実性に富む偶発的な戦略リスクを見極めることで有望シナリオを導出する取組みが重視される．

　続く新事業の実行と定着段階では，いまだ事業計画の前提は不確実なものである．事業が軌道に乗り見通しが立つことにより，予測の精度が高まれば安定化と効率化を目指すことができる．しかしながら，この段階では偶発性に依存する部分が多数を占めていると認識しておく必要があろう．

　また，新事業の成否は将来のある時点で評価される．"この事業が当社のイノベーションです"とは当初から断言することはできず，結果として"この事業が当社のブレークスルーを生みました"と，後に判明する．新事業の実行段階では，あくまで事業性を議論しているに過ぎない．統計的には，成功する事業と失敗する事業を区分けすることができよう．過去の事例研究などから，成功あるいは失敗した事業計画を評価することで共通の法則も見いだすことができる．しかしながら，事業を担当する当事者にとれば，事業が最終的に成功するか失敗するかの二値であり，複数の事業をポートフォリオとして組むことはできない．事業選択肢を複数保有する中で新事業を評価する企業経営の視点と，単一の事業計画の中で成功をより高いものにしようとする個別事業の担当者の

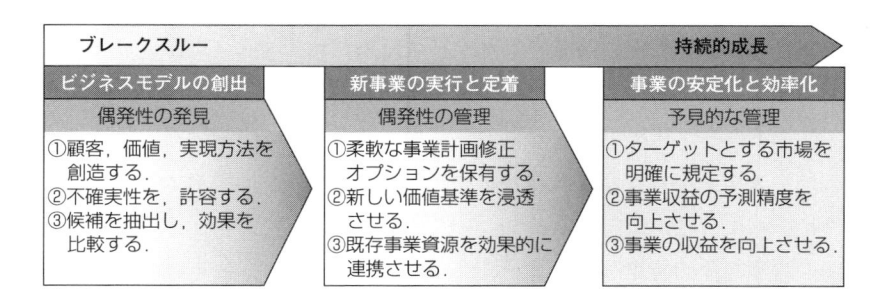

ブレークスルー → → → 持続的成長		
ビジネスモデルの創出	新事業の実行と定着	事業の安定化と効率化
偶発性の発見	偶発性の管理	予見的な管理
①顧客，価値，実現方法を創造する． ②不確実性を，許容する． ③候補を抽出し，効果を比較する．	①柔軟な事業計画修正オプションを保有する． ②新しい価値基準を浸透させる． ③既存事業資源を効果的に連携させる．	①ターゲットとする市場を明確に規定する． ②事業収益の予測精度を向上させる． ③事業の収益を向上させる．

図4.3　事業の段階的移行

視点が異なることも，新規事業計画を議論する上で，両者の共通の認識としておく必要がある．

4.1.2 新事業に必要な事業計画の修正に関するリスクマネジメント

事業計画に従って事業を遂行するとき，事業を予見的に管理できる既存事業では，目標を掲げ，その達成度合いを量り，キーとなるリスクファクターを監視しながら対策を講じていくことになる．一定の事実を踏まえた予測と意志に基づく目標が正となり，目標管理に従って達成を阻害するリスクを低減させていく活動は理に適っている．

他方，新事業は，いまだ経験のない世界での勝負となる．獲得可能な事実は少なく，予測の精度は曖昧であり，意志は偶然という願望に立脚している可能性がある．このような事業計画では，そもそもの前提が誤っている可能性がある．したがって，事業計画が掲げている目標の適正を評価することは困難である．ゆえに一度決定した事業計画に固執し，目標が達成できないのはリスク管理が甘いと結論づけるのは尚早といえる．

新事業の実行では，予測が誤っていれば，その時点での事実に基づいて事業計画自体を修正していく運用管理が求められる．当初の目標を達成するための事業管理ではなく，目標を適切に修正しながら実績を獲得していく修正管理に主眼を置かなければならない点が，既存事業の管理評価の枠組みと最も大きく異なる論点となる．

事業計画の修正管理を効果的に実現するためには，次の3点が重要となる．

① ビジネスモデルの共有

製品・サービスの提供方法全体像を関係者間で十分に共有するとともに，特定したリスクがどこに存在するのか，ビジネスモデルに重ね合わせることでリスク把握の十分性を確保する．

② 管理対象の特定

特定されたリスクの中から，さらに"曖昧な予測"，"偶発性に大きく依存する判断"は何であるのか区分しリスト化する．予見的に管理できない対象は，

4.1 新事業の実行におけるリスクマネジメント

誰が監視しどのように実績情報を整理するのか，この結果，組織機能のどの部分を修正することが可能であるのか，組織学習機会をあらかじめ定めておく．その上で，予見的リスク管理レベルへ移行できると判断された部分は，リストの対象から外していく．

③ **マネジメントの持続性**

新事業の実行初期から，規模が拡大し関係する人員や組織が多くなることにより，事業担当部門・部署，担当者，キーパーソンが異動した場合にも，これまで獲得した知見が確実に伝承できる形としておく．

4.1.3 オプション思考

高収益事業には，高収益となる特定の事業環境の前提がある．換言すれば，特定の事業環境下では，その環境に特化した事業計画が最も強く，その他の計画は太刀打ちできない．幅広く事業環境の変化に対応できることを目的とした柔軟過ぎる事業計画では，凡庸な結果しか生み出せない．

一方で，ある事業環境を前提とした当初の事業計画があまりにも固定的であれば，成功したときの成果が大きな反面，失敗した場合の損失も増大するといえる．事業計画の柔軟性をどの程度まで想定すべきかが，経営判断となる．そして，この柔軟性をもとに意思決定を行う局面が，前節で述べた組織学習機会に当たる．意思決定による分岐点をどのように設定できるか，分岐点に到達した際に，どれだけの選択肢を保有できるかによって，事業計画の柔軟性は異なってくる．事業計画を評価する際には，当初の事業目標とともに，事業計画の柔軟性の水準が判断の重要な要素として含まれている必要がある．

金融工学のオプション理論を現実の事業に適用したリアルオプションでは，この選択肢は表 4.1 のように整理される．

しかしながら，現実のビジネスでは，表 4.1 に示すような選択肢を多数保有することはできない．適用可能な選択肢は，業種・業態によって著しく制限される．例えば，大規模な初期設備投資を伴う製造業で，事業が立ちゆかないから即時撤退するような意思決定は不可能である．

表 4.1 リアルオプションの内容

リアルオプション	概要
延期	設備投資などの決断を先送りする権利や機会をもつ
撤退	事業から撤退する権利や機会をもつ
拡張・縮小	事業を拡大・縮小する権利や機会をもつ
停止・再開	市場環境により，事業を停止したり再開する権利や機会をもつ
学習	段階的に事業を進めていく権利や修正の機会をもつ
参入	市場へ早期参入する権利や機会をもつ

このような現実面での困難な課題へ対応するためにも，表 4.1 で最も重要な選択肢は"学習"である．どのような判断材料が将来的に入手可能であるのか，新規事業計画に，この要素を必ず取り入れておく必要がある．

以上をまとめると，以下に述べる内容を実践していくことになる．

① 新規事業計画の実施を決定することと，新事業を当初の計画どおりに進めることとは異なる．新事業実行の判断は，事業計画が掲げる目標と，事業計画が保有する修正可能な柔軟性の水準との双方を考慮する．

② 事業計画の修正管理を主眼とする時期と，目標管理を行う時期を明確に区分する．前者と後者で，経営が事業担当者に対して行う管理評価の枠組みは異なる．この切替え時期は，新事業へ着手した後の将来的な経営判断事項である．

③ 新規事業計画を評価する上では，リスク分析の内容や結果そのものだけでなく，これらが将来のある時点で判明し，そのときに何を判断しなければならないのかといった，リスク分析と評価の計画自体を含める．

また，単独の新事業が計画どおりにいかなかった場合に備え，複数の有望事業候補を保有し，保険によるリスクの共有や財務面での対応策を立案しておくことは，経営の責任となる．

4.2 調達リスクに対するリスクマネジメント

調達リスクは，製造業を行っている企業などの組織では，共通して検討すべきリスクの一つであるが，製造業でなくても事業としてのサービスを行うために必要な情報などを組織外の第三者から提供（調達）してもらう形式のビジネスモデルをもっている組織は共通して該当するリスクである．

具体的には，調達工程における何らかのトラブルにより，原料や材料の数量が不足したり，品質が不安定であったり，調達先からの納入が遅延したりするような事態が相当する．また，調達価格が上昇してコストアップになるような事態も含まれる．

調達リスクに対する一般的なリスクマネジメント手順を図4.4に示す．以下，手順に従ってその概要を説明する．

```
調達すべきモノのリストアップ
      ↓
   分析フレームの設定
      ↓
 調達リスクのアセスメント
      ↓
   対応方針と対策立案
      ↓
  対策の実践とモニタリング
```

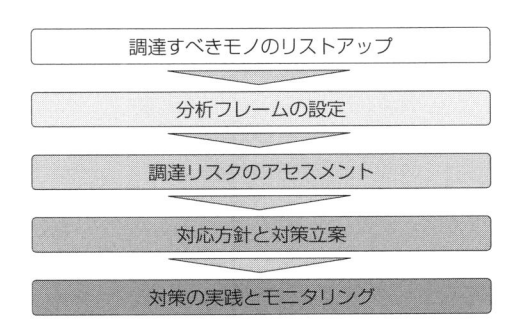

図4.4 調達リスクに対するリスクマネジメントの一般的な手順

4.2.1 調達すべきモノのリストアップ

最初のステップは，事業において必要となる調達すべきモノ（一般には調達品）のリストアップである．事業によっては，調達品はあまり数が多くなく明らかな場合もあるが，製造業などでは，実際の原料や材料のほかにも，加工に必要な消耗品類（潤滑油や反応に用いる添加物など）含めると，数百に上るこ

とがある．これらのもののどれが欠けても最終製品やサービスを提供できないのであれば，そのような情報や物品類はすべてリストアップされる必要がある．

4.2.2 分析フレームの設定

先のリストアップで抽出された調達品のすべてが調達リスクの対象になるが，実際にすべての物品の過不足や値段の変動を，次のステップ以降の同じ手順で分析することは困難な場合がある．そのような場合は，事業に重要な物品類をこの時点で絞り込み，それらの物品類についてリスクを明確にしていく．この絞込みの観点は決まったものがあるわけではないが，調達に携わる立場にのみ任せると，量を多く購入しているもの，購入費用が多くかかるもの，購入頻度が高いものなどに目がいきがちになる．しかし，実際にはそれらの原料や材料を用いて製品を製造・加工するような場合であっても，重要な物品が必ずしも量や購入費用，頻度に拠るとは限らない．少量であっても製造に不可欠で，さらに代替品がないようなモノは絞込みから漏れてはならない．

4.2.3 調達リスクのアセスメント

調達リスクのアセスメントは，絞り込まれた物品類に対して，その物品の欠品や遅延の起こりやすさと起こった際の影響の大きさを個別に算定して評価するものである．リスク算定などをするための分析方法は，決まった方法があるわけではない．少数の物品を詳細に分析するのであれば，その調達工程（サプライチェーン）を発注判断から納品までに渡って分解し，その中で要求する調達レベルに達しない可能性をここでも検討・分析することになる．

ここでは，比較的検討する物品が多く，簡単にできる方法を紹介する．この場合のアセスメントの目的は，どの物品（群）が最もリスクが大きいかを見極め，優先度を明らかにした上で対策検討につなげるための意思決定情報をつくり上げることにある．その際の評価項目の例を表4.2にまとめて示す．

表中の項目にあるような内容面について，具体的な数字などを集めながら，各調達物品による影響の大きさと起こりやすさを多面的に判断していくことを

表 4.2　調達リスクの評価項目例

評価観点	項目	判断内容
起こりやすさ	調達先安定面	当該物品の"調達先の数"やその"調達先の経営状況"を基に評価する．調達先を複数確保している場合は一般に安定性があると考える．また，調達先の経営状況や計画が調達に支障がないかを判断する．
	品質面	調達品が仕様に満たないようなトラブルを起こす可能性を評価する．また，当該物品自体の要求品質が厳格に求められるものか，汎用的なものかという観点でも評価する．
	市場面	当該調達品の価格の安定性を過去の市場価格の傾向などから判断する．また，他社の購買力によって調達価格や量が左右され得るか，相対の交渉だけで決定可能かなども判断する．
	外的要因面	調達経路（関与者数など）の長短や複雑性で評価する．また，その経路において事故や災害の可能性の高低でも評価する．
影響規模	余裕面	"在庫保有（可能）量"を基に，当該物品がどの程度なくてもその後の工程に影響ないかを評価する．
	代替性面	当該物品が欠品した際に代替調達が可能かどうかを評価する．
	罰則面	納品先やサービス提供先に約款などで営業補償などが課せられているかを基に判断する．
	損失面	年間の平均利益額（又は売上額など）を参考にして，事業損害額を評価する．

想定している．この際，項目において集められる数値や状況は同一尺度ではないので，本評価例では何らかのランク換算を行うことで，その尺度の違いを吸収するようにする．

表項目を基に評価するための帳票イメージを図 4.5 に示す．

起こりやすさに関する評価点は加算し，影響規模に関しては，罰則面と損失面を全体損害ポテンシャルとして，在庫の有無や代替可能性からそれらのどの程度の影響かを算出している．総合評価は最終的に本評価では起こりやすさと

影響規模の積として表している．

| 品名 | 起こりやすさ | | | | 評価(L) | 影響規模 | | | | B:損失 | 評点(E) | 調達リスク総合評価(L×E) |
| | A1:調達先評価 | A2:品質性 | A3:市場性 | A4:外的性 | | B1:余裕面 | B2:代替性面 | B3:罰則面 | B4:損失面 | | | |
	調達先数/規模	品質安定度/必要品質度	価格安定度/競合度	事故・災害可能性/調達経路長短	ΣAn	在庫量(日)から評価	有無・代替必要期間から評価	納入先契約款等から評価	年想定の逸失利益額などから評価	概算数字	換算点数(概算金額を点数換算)	
A	5	3	5	2	15	30	90	0.5億円	5億円	5.5億円	6	90
B	3	3	5	1	12	15	—	0.5億円	15億円	15.5億円	16	192
C	1	4	2	1	8	45	150	0.5億円	70億円	70.5億円	71	568
…												

図 4.5　調達リスクのアセスメントシートイメージ

4.2.4　対応方針と対策立案

アセスメントによりリスク評価結果を基に，どの調達品群に対策を講じるかという全体方針と具体的な対策立案につなげていく．

対策の全体方針としては，図 4.5 の総合評価結果のポイントなどを利用して，上位からどこまで対策をとるかという決め方や，図 4.6 のような個別リスク

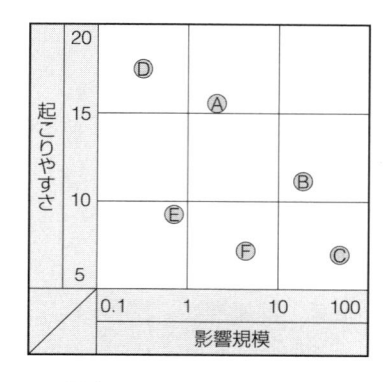

図 4.6　調達リスクのリスクマップイメージ

（調達リスク）のリスクマップを利用するような方法もある．図 4.6 を利用する場合は，図の右上にあるものを優先的に対策対象とするのが一般的である．

調達リスクの対策としては，表 4.3 の観点が一般にある．これらなどについて，対策の実現性，有効性，難易度などを検討項目として，具体的な対策立案をしていく．対策は複数組み合わせることも有効な場合がある．

表 4.3 調達リスクに対する対策の観点

リスク原因	対策観点
調達量のミス	発注システムの見直し
契約条項による不備	契約事項の見直し
調達先のトラブル	複数調達の検討 先方の供給体制に対する技術支援
調達経路上のトラブル	複数調達の検討
外部要因による調達価格変動	優先買取契約 先物契約

4.2.5 対策の実践とモニタリング

立案された対策については，意思決定者の最終承認を受けた上で実践に移していく．対策によっては，準備期間をある程度要するものあるので，対策が効力を発揮する時期を意識して，業務に当たる必要がある．

また，実際に対策が打たれた調達品については，リスク算定に用いた項目などを基に，モニタリング項目として担当者を決めて月次でチェックなどを行っていく．

4.3 与信リスクに対するリスクマネジメント

与信リスクは事業を行うほとんどの企業が共通に認識すべきリスクの一つだといえる．どの企業組織も何らか企業との取引関係にあるところは多く，製品やサービスの提供に対して対価を得ている．ただし，その対価は事業会社同士

の場合は売掛金として事後に入金される場合が多い．昨今の金融不況などの状況もあいまって，貸し倒れとなるケースも少なくない．

ここでは，与信リスクのマネジメントについて紹介する．なお，多くの金融機関では信用リスクともいうが，規制当局から求められるルールに則った管理を行っている．ここではそのようなリスク管理は対象とせず，一般的な製造業やサービス業の事業会社を想定する．

与信リスクに対する一般的なリスクマネジメント手順を図4.7に示す．以下，手順に従ってその概要を説明する．

```
与信リスクマネジメントの方向性の確認
         ↓
    分析フレームの設定
         ↓
   与信リスクのアセスメント
         ↓
    対応方針と対策立案
         ↓
    対策の実践とモニタリング
```

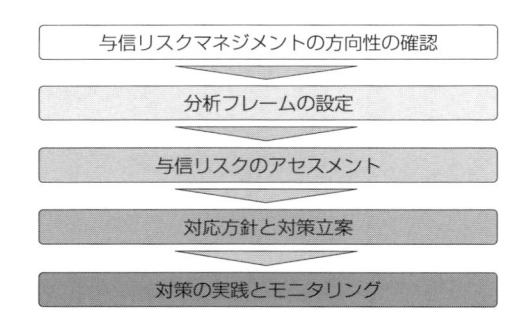

図4.7 与信リスクに対するリスクマネジメントの一般的な手順

4.3.1 与信リスクマネジメントの方向性の確認

与信リスクとして，一般に行うのは現状の与信状況を把握して，必要な対応をとるというものである．本節でも基本的にはその方向性で解説するが，他の観点もあり得るので，与信リスクの方向性を表4.4に示しておく．

表4.4 与信リスクマネジメントの方向性

タイプ1（一般的）	与信状況の把握と対応策の検討
タイプ2	日常の与信管理の十分性のチェックと管理方法の検討
タイプ3	契約に至る手順把握と与信判断の適切性のチェック

特にタイプ3は与信判断がないがしろにされるケースや与信枠などの設定の適切性を検討するものである．どのタイプも与信管理には重要であり，必要に応じてすべてを行うことが望まれる．

4.3.2 分析フレームの設定

与信リスクマネジメントの方向性が決まれば，それに対して分析フレームを設定する．ここでは，タイプ1を想定して解説するが，タイプ1だとしてもすべての契約状況を把握することが可能かどうかによってフレーム設定が異なる．

企業によっては何千という契約を抱えている場合もあり，そのすべてを短期間で対象にするのは困難な場合もある．このようなケースでは取引金額の基準をとりあえず設定して，上位先を対象にして分析するなどの工夫が必要になる．

なお，最終的にはすべての取引際を含めた与信の総量なども把握しておくことが必要である．

4.3.3 与信リスクのアセスメント

タイプ1の与信リスクのアセスメントは，分析フレームで設定された取引先について，現状把握を行う．

現状把握に当たっては，取引先を取り巻く業界状況，取引先との契約書内容，取引量，営業マンとの情報交換，信用調査会社などを利用した調査結果などを利用して行う．整理のイメージを図4.8に示す．これは，与信状況の把握とと

取引先	担当者	売買契約書	与信ランク	与信枠(千円)	与信額(売掛)(千円)	与信状況変動日	倒産危険度	危険度判定	基本契約日	基本契約満了日	備考
○○社	X	無	D	5,000	4,500	H20.10.1	2	9,000	H18.10.10	H23.3.31	☑経営者間で対立がある
××社	Y	有	C	10,000	8,000	H21.9.19	1	8,000	S55.5.10	—	

図4.8 与信状況の把握シート

もに貸し倒れとなる可能性と影響の大きさを危険度判定欄に示しており，リスクアセスメントシートともいえる．

ここでポイントになるのが倒産危険度の評価であるが，これは先方の財務状況などから判断する方法や，スタンダード＆プアーズなどの格付け機関が提示している格付けを参考にするなどして評価することができる．ただし，上場企業でない場合は財務諸表を入手しがたい場合もあるし，格付け機関の格付けをとっていないような場合も多い．このようなケースでは，信用調査会社を直接利用する方法が考えられる．例えば，帝国データバンク社，リスクモンスター社，三井物産クレジットコンサルティング社などが多くの企業の信用調査データを提供している．企業によってはこのような調査データを複数利用して独自の与信基準を用いているところもある．

4.3.4 対応方針と対策立案

上記のようなアセスメントシートを基に対応方針を検討する．実際に回収不能に陥りそうな債権がある場合は，貸倒引当金などの処理を想定して準備する必要がある．

そこまで行く前に，懸念先には早期の債権回収に向けた準備をする必要がある．可能であれば取引量を絞ったり，支払い期限を短期に設定したりするなどである．また，営業マンなどにより頻繁に先方の状況を確認に行くなどの地道な対策も必要である．

また，どうしても焦げつくと厳しい大口の売掛などがある場合は，サービサーと呼ばれる債権回収専門会社（サービサー会社とは，債権管理回収業に関する特別措置法に基づき，法務大臣から営業の許可を得て設立された株式会社）と契約を結び，早期に売掛金の一部を入手するようなことも対策候補となる．

4.3.5 対策の実践とモニタリング

実際に重要な取引先などが明確になった場合や懸念先はなくとも定期的に取引先の状況はチェックしていく必要がある．主なチェックの観点を表4.5にま

また，取引先各社の状況整理だけでなく，取引全体の与信状況を把握することも意味がある．そのイメージを図4.9に示した．図では丸でプロットされているのが取引先との取引を示している．どのような格付け（自社の基準でよい）に売掛債権が分布しているかなどを総体的に把握することによって，リスク管理の全体方針の検討にも役立つ．

このような全体情報から，自社の与信枠を定期的に見直していくことも有効である．

表4.5 取引先チェックの観点例

観点	チェック内容
経営者及び従業員	☐ 経営者間で対立の噂がある
	☐ 経営者が自社資金に手をつけている可能性がある（資金繰りに困窮）
	☐ 経営者が経営に専念していない
	☐ 労働争議が発生している
	☐ 経営陣が急に辞職した
	☐ 従業員の大量退職が発生している
事業状況	☐ 取引先の顧客が，調達方針を変更した
	☐ 製品品質が低下している
	☐ 事務所・工場に異常が見られる
	☐ 最近，購入量が減っている
	☐ 最近，購入頻度にばらつきがある
資金面	☐ 固定資産の売却を行っている（流動資産比率が増加）
	☐ 返済スケジュールが滞りがちである
	☐ 売掛金が急に増減し始めた
	☐ 融通手形を利用し始めた
	☐ 業績悪化にもかかわらず，与信額の拡大を求められた
その他	☐ 取引先の在庫が通常よりも多く積み上がっている
	☐ 急に大量セールなどを行っている

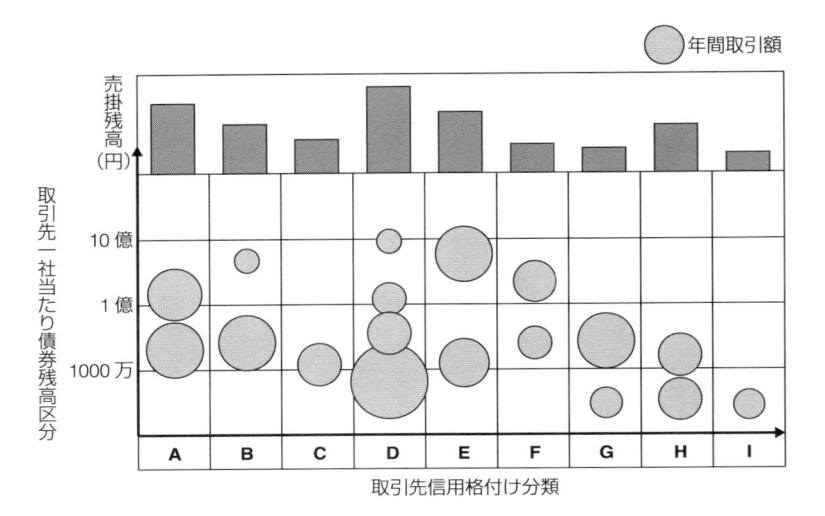

図4.9 与信状況の全体把握

4.4 情報リスクに対するリスクマネジメント

　情報リスクは，現代の組織においてはすべての組織が抱えているリスクともいえる．ただし，その取り扱っている情報は事業によって様々であり，その重要性も異なる．以下に一般的な情報リスクに対するマネジメントの考え方を示す．

　情報リスクに対する一般的なリスクマネジメント手順を図4.10に示す．以下，手順に従ってその概要を説明する．

4.4.1　情報の管理方針の整理

　情報リスクというと，よく情報漏洩や情報を喪失することが問題と考える場合がある．しかし，ISO 31000におけるリスクの考え方である正負双方の影響をもたらすというものにもつながるが，情報をいかに活性化して活用するかと

4.4 情報リスクに対するリスクマネジメント　　　99

```
┌─────────────────────────┐
│    情報の管理方針の整理    │
└───────────┬─────────────┘
            ↓
┌─────────────────────────┐
│     分析フレームの設定     │
└───────────┬─────────────┘
            ↓
┌─────────────────────────┐
│   情報リスクのアセスメント  │
└───────────┬─────────────┘
            ↓
┌─────────────────────────┐
│    対応方針と対策立案      │
└───────────┬─────────────┘
            ↓
┌─────────────────────────┐
│  対策の実践とモニタリング   │
└─────────────────────────┘
```

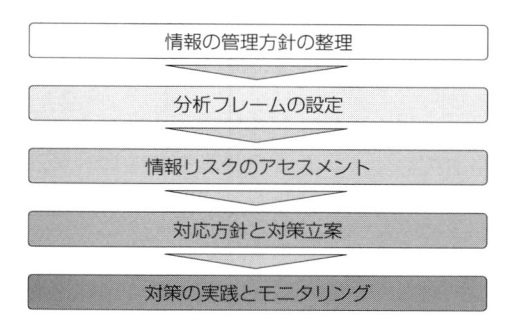

図 4.10　情報リスクに対するリスクマネジメントの一般的な手順

いう観点も重要である．このように考えると利用したいときに情報が利用できないというのも情報リスクと考えるのが一般的となっている．ISO/IEC 27001などにおいても，情報は表 4.6 の三つの基本要素を保つことが求められている．

これら以外にも組織において情報に求める要素はあるかもしれない．実際にある企業では，事業開発や営業で用いるような情報が単なるストックとなることを嫌い，特定の情報については，関係社員に頻繁かつ有効に活用されている状態になっていることが管理方針の一つになっている．この企業では，情報が新鮮に保たれることと活用されやすい形を常に検討して管理しようとしている．

表 4.6　情報の基本要素

①機密性（confidentiality）	情報が，アクセスを認められたものの範囲でのみ利用され，不当な開示・流出・漏洩がなされないこと．
②完全性（integrity）	情報が，意図しない改竄・破壊・消去などをされることなく，その内容を正しく維持し，保証すること．
③可用性（availability）	情報や情報システムが，故障などにより利用不可能となる状態を防止し，許可されたものが必要なときに利用できること．

出所：ISO/IEC 27002 などを参考に三菱総合研究所において作成．

これは一例であるが，まず組織内において情報の管理方針を共有して，情報リスクのマネジメントに当たる必要がある．

また，情報リスクについては様々な基準やガイドラインが既に世に出回っている．それらに示されているリスク管理内容を参考にして，一定水準までリスクを低減させる手法を"ベースラインアプローチ"と呼んでいる．この手法は比較的短期間でリスク管理レベルを整えることが可能となる．この手法をリスクマネジメントとして導入する場合は，その方針も併せて認識しておく必要がある．

4.4.2 分析フレームの設定

一口で情報といっても，文書に書かれた情報から，Eメールなどの電子的に扱われる情報，さらには口伝で伝えられる情報など様々である．また，それらの情報が保管される媒体も事務ファイルであったり，コンピュータのサーバであったり，CD-ROMやテープなど多様である．これらを本来はすべてスコープに入れて分析するべきであるが，実際には容易ではない．そこで，分析する範囲を明確にして行っていく必要がある．

なお，最終的には組織にあるすべての情報に対して何らかの基準を設けるなど抜けがないようにしていくことも念頭に置いておく必要がある．

4.4.3 情報リスクのアセスメント

情報リスクのアセスメントの手法も，考え方によって様々な方法がある．ここでは，先に触れた"ベースラインアプローチ"を用いた場合のアセスメント方法と具体的な情報を対象としてアセスメントする詳細アプローチ方法の概要を説明する．

(1) ベースラインアプローチ

情報リスクに対して基準となる管理策が講じられているか否かを判断していくことになる．この基準としてよく利用されるのはISO/IEC 27001に示されて

いる133の管理策かと思われる（表4.7参照）．ただし，それ以外であっても自組織にかなった基準を利用して判断すればよい．

基本的にはこれらの管理策が対象とする情報資産について十分機能しているかどうかを判断していくことがベースラインアプローチによるリスクアセスメントといえる．

表4.7 ベースラインアプローチに利用する基準の例

分野	管理目的	管理策	概要
情報セキュリティ基本方針	情報セキュリティ基本方針	情報セキュリティ基本方針	情報セキュリティ方針は，経営陣の承認を受けたものを，全従業員・外部組織への公表・通知する．
...			
組織のセキュリティ	内部組織	情報セキュリティ責任の割当	すべての情報セキュリティに関する責任を明確に定める．
	...		
	外部組織	顧客対応におけるセキュリティ	顧客が情報又は資産にアクセスする場合に，情報セキュリティ管理策をとる．
...			
資産管理	情報の分類	分類の指針	情報を分類し管理する．
...			
物理的及び環境的セキュリティ	セキュリティを保つべき領域	物理的入退室管理策	セキュリティ領域へは許可された者だけの入退管理を行う．
...			

出所：ISO/IEC 27001より抜粋．

（2）詳細アプローチ

詳細アプローチとは，実際に対象とする情報資産を基にリスクを見積もっていくものである．この手法も一通りではないが，ここでは詳細アプローチでも比較的容易にできる方法を紹介する．

ここでは，当該の情報資産がさらされる脅威を明らかにし，それらによってもたらされる影響とその起こりやすさを評価するものである．脅威の例を表4.8に示す．また，情報資産と脅威を基に脆弱性と影響の大きさからリスクを評価した例を図4.11に示す．

表4.8 情報に対する脅威タイプの例

脅威	分類		
	故意的	偶発的	環境的
故意の障害，盗難，盗聴，記憶媒体の不正使用，ユーザーIDの偽り，不正なユーザーによるネットワークへのアクセス，不正な方法でのネットワーク設備の使用，通信への進入，トラフィック分析，メッセージ経路変更，否認	○		
停電，断水，ネットワーク構成要素の技術的障害，送信エラー，メッセージの経路選択の誤り，スタッフ不足		○	
地震，台風，落雷，ほこり，静電荷，記憶媒体の劣化			○
争議行動，爆破行動，武器の使用，火事，空調故障，操作員のエラー，保守のエラー，ソフトウエアの故障，不正なユーザーによるソフトウエアの使用，不正な方法でのソフトウエアの使用，ソフトウエアの違法な使用，悪意あるソフトウエア，回線の損傷，トラフィックのオーバーロード，通信サービスの障害，ユーザーのエラー，資源の誤用	○	○	
洪水，極端な温度及び湿気，電磁放射波	○	○	○

出所：TR X 0036-3を基に作成．

4.4.4 対応方針と対策立案

アセスメントによりリスク評価結果を基に，どの情報の管理状況が脆弱化をアセスメントシートの点数などから評価し，対応方針を立てる．

対策の立案には，先に挙げたISO/IEC 27001などに示されている管理策の考え方が参考になろう．ただし，情報分野の技術は日進月歩なので，時代に即した管理レベルと管理策を取り入れていく必要がある．

4.4 情報リスクに対するリスクマネジメント

No.	情報名称	媒体	資産価値		脅威によるペリル	起こりやすさ			影響の大きさ			リスク
			機密度	重要度		可能性	経験	計	規模	範囲	計	
1	顧客情報	DB	秘	4	漏洩	2	2	4	3	3	6	24
					紛失	1	1	2	3	3	6	12
2	契約書	紙	秘	3	改竄	1	1	2	2	3	5	10
					漏洩	1	1	2	2	2	4	8
					紛失	1	1	2	3	3	6	10
3	製品原価情報	紙	秘	4	紛失	1	2	3	3	3	6	18
		DB	秘	4	漏洩	1	1	2	3	3	6	12
					紛失	1	1	2	3	3	6	12

判断基準例：
可能性（3：十分ある，2：可能性ある，1：ほとんどない），経験（3：自社あり，2：他社あり，1：なし）
規模（3：会社に重大，2：会社に影響あり，1：影響小），範囲（3：社外，2：複数部署，1：部署内）

図4.11 情報リスクの簡易なアセスメントシートの例

また，基本的には管理強化をしていくことになるが，まれなケースとしては管理が厳しすぎて可用性が損なわれたりするような場合に，管理を緩和するようなケースもあり得る．この観点が単に情報セキュリティの強化とは異なり，情報のリスクマネジメントを行うということである．

4.4.5 対策の実践とモニタリング

情報リスクについても，対策を実践する際には意思決定者の承認を受けた後に行う．対策にはハード的な対策のほかに従業員の意識を高める教育も重要である．この双方をバランスよく行っていくことが必要である．

これらの対策は講じれば終わりということではなく，その管理状況は定期的にチェックし，形骸化していないかなどを点検する必要がある．

また万一，情報事故が発生した場合にとるべき危機管理策の準備も備えることが考えられる．近年の社会で起こっている情報漏洩後の対応事例などを見るとあらかじめ準備していたほうがよいと考える．

4.5 安全分野におけるリスクマネジメント

事故や災害に関するリスクマネジメントは，これまで多くの実用事例が見られる．しかし，リスクマネジメントを実施した結果，どの程度組織が目指す安全目標に近づけたかということが把握できるような活動は必ずしも多くない．ここでは，組織の安全目標達成に寄与する安全リスクマネジメントの取組みを紹介する．

4.5.1 ISO 31000の視点から見た安全分野へのリスクマネジメントの適用

ISO 31000のリスクマネジメントプロセスと安全活動のプロセスを比較すると，図4.12に示す関係となる．

以下，このプロセスに沿って，それぞれのステップの活動のあり方に関して

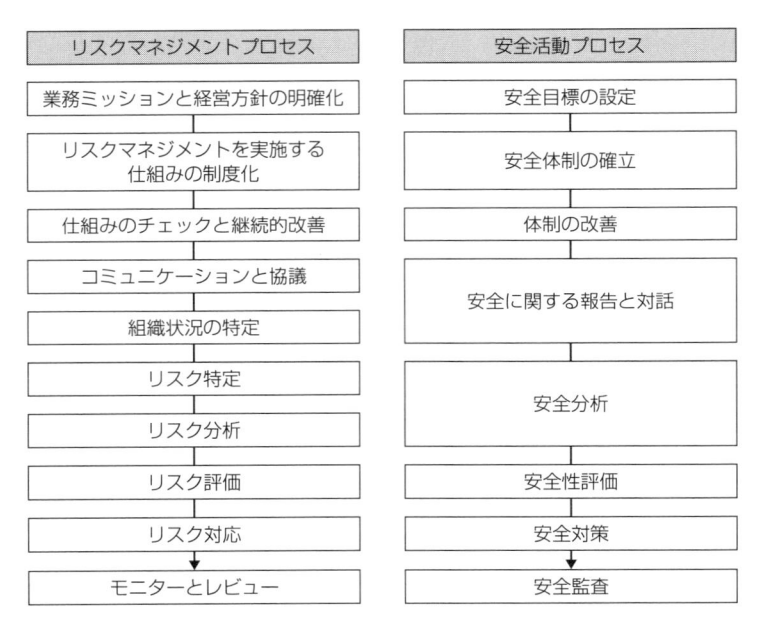

リスクマネジメントプロセス	安全活動プロセス
業務ミッションと経営方針の明確化	安全目標の設定
リスクマネジメントを実施する仕組みの制度化	安全体制の確立
仕組みのチェックと継続的改善	体制の改善
コミュニケーションと協議	安全に関する報告と対話
組織状況の特定	
リスク特定	安全分析
リスク分析	
リスク評価	安全性評価
リスク対応	安全対策
モニターとレビュー	安全監査

図4.12 リスクマネジメントプロセスと安全活動のプロセスの比較

記述する．

（1）業務ミッションと経営方針の明確化

　リスクマネジメントにおける最初のステップは，リスクマネジメントの前提となる組織のミッションや経営方針を明確にして，リスクマネジメントの方針を決定するステップである．このステップは，安全活動においては，安全目標を設定するステップに相当する．

　これまでのリスクマネジメントでは，リスクの特定・分析から始めることが多く，組織のミッションや経営方針といった業務内容を直接的に規定しない事項に関しては，特に注意をしなかった．

　しかし，組織内のすべての活動が，最終的にその組織の設立目的や経営目標を達成し，経営方針に従って管理されることを目指していることを考えると，リスクマネジメントにおいても，その組織の基盤となるこれらのことを明確化して，関係者間で共有することが重要となる．

　安全活動にこれらの考え方を当てはめると，まず安全目標をその組織が目指す社会的位置づけや経営目標に合わせて適切に定める必要がある．この際，法律及び規制の順守を徹底することは，当然のことである．

　安全活動に配分する経費や人材を決定するためには，達成すべき安全目標が明確であることが重要である．この安全目標を的確に定めるためには，ISO 31000 の記載事項に沿えば，その組織のミッション，経営方針を明確にして，担保すべき安全レベルを定めることが必要となる．

① 安全活動の前提となる安全目標（レベル）の設定と共有

　安全活動には，社会や組織の安全目標として設定し，どのような安全レベルを目指してマネジメントを行うかが大変重要となる．それは，この目標の設定によって投入する資源や適用手法や適用精度などが異なるからである．

　安全目標の設定には，社会からの要請を満足するとともに，企業の経営理念との整合性を図り，経営目標全体に対する安全目標の位置づけを明確にするこ

とが必要である．なぜならば，経営者はリスクマネジメントの諸目標を組織のもろもろの目標及び戦略と整合させる必要があるからである．

また，目標は全組織員で正しく共有することが必要であり，目標を達成するためには，直接の担当者が実施できる対策だけではなく，予算をはじめとする資源の投入，目的実施を推進する人事などの諸制度の構築など，組織を挙げて取り組む必要がある．

安全目標は，"死亡事故は起こさない（発生確率が一定以上低い）"とか"○○以上の環境被害は発生させない（発生確率が一定以上低い）"などの対策につながる具体性が必要である．

また，経営者の意志が抽象的な場合は，その意志をより具体的な安全目標に落とし込むことが必要となる．"社会的信頼性を失う事故を防止する"という経営者の意志から対処すべき事故現象を絞り込む方策をp.112（5）の③に示す．

リスクマネジメントの判断は，科学的合理性に基づいて実施されることが望ましいが，許容や安心という価値観が伴う事項に関しては，主観を定量化する方法をもつことも重要である．

② 安全確保の視点からの安全目標

これまでの安全評価や安全の重要性は設備やシステムの機能を中心に考えられている場合が多い．故障を起こしても全体に大きな影響を及ぼさない箇所の安全に投資をすることが，無駄に見えるのは，経済合理性の観点から見れば当然のように考えられているが，システム機能の観点からの重要性と安全確保の視点からの重要性は同じではない．

安全への投資は，システムの信頼性の視点を拡大するだけでは十分ではなく，安全確保の視点からも定めるべきである．事故が発生した際に，システム運転上は重要でない箇所でも，故障箇所や状況の把握が遅れるとそのこと自体が問題となることもある．その観点からも，安全目標は安全確保の視点から明確に定めるべきである．

③ 安全目標を達成するために経営者が行うべきリスクマネジメント環境の整備

経営者は，組織の文化とリスクマネジメント方針を確実に整合させることを求められるが，安全への適用でも，組織文化に整合した安全推進すなわち社員の納得の得られやすい安全へのアプローチを検討する必要がある．また，組織風土に安全を相対的に軽んじる傾向がある場合は，組織風土自体を変化させる試みを行う必要がある．

また，このような安全に適した風土を構築するためには，経営者が安全活動に必要なリソースを適切に配分することが求められる．そして経営者は，あらゆるステークホルダにリスクマネジメントの便益を伝達することが求められる．

また，安全に関して，目標の設定，リソース配分，リスク分析の妥当性評価，対策の実施，対策効果の確認，体制の維持などの責任が，組織内のどこにあるかを明確にして，その責任の遂行を確実に行う仕組みを構築・運営することが，安全活動におけるリスクマネジメントを有効に活用する第一歩である．

リスクマネジメントの導入，並びにその継続的な有効性の確保には，組織の経営の強力かつ持続的な公約とともに，公約を全階層で達成するための戦略的で綿密な計画策定が必要となる．経営は，次の事項を実施することが望ましい．

・責任及び責務を組織内の適切な階層に割り当てる．
・リスクを取り扱うための枠組みが常に適切な状態であり続けるよう徹底する．

(2) 仕組みのチェックと継続的改善

設備設計の根本思想を理解せずに表層的な理解のもとに，設備を運用したり改善を行ったりすれば，事故につながりやすくなる．

このことと同様に，分析においてもその分析手法の特徴をよく理解をして実施すべきである．安全においてリスクマネジメントの分析を実施しても，その成果が出なかった場合は，これまでの分析をより精密に実施するだけではなく，その対象，分析レベル，手法に対する見直しを行うことが重要である．

実施すべきリスクマネジメントにかかわる活動をリスクマネジメント計画に照らして，進捗状況及び計画からの乖離を定期的に測定することが，大切である．また，リスクマネジメントの枠組み・方針・計画が，そのときの組織環境において適切かどうかを定期的に見直しすることが必要となる．そして，リスクマネジメントが計画どおりに進められているかを検証することも必要である．

リスクマネジメントの活用も含め安全活動に関して定期的に見直しを行い，活動の枠組み・方針・計画がどのように改善できるのかについて常に検討を行う必要がある．

また，これらの見直し業務が，組織の安全活動及び安全文化の改善につながることが望ましい．

(3) コミュニケーションと協議

リスクマネジメントの内容に関しては，内部及び外部のステークホルダとのコミュニケーション及び協議は，リスクマネジメントプロセスのすべての段階で実施することが望ましいとされている．

安全分野においてもリスクコミュニケーションという概念が，危険物施設やバイオ技術のような新技術開発において実施されているが，その効果に関しては，十分な状況であるとは考えられていない．その原因の一つには，リスクコミュニケーションに関する考え方が挙げられる．

我が国においては，リスクコミュニケーションは，リスク分析を実施した結果を，共有するものと考えられているが，最新のリスクマネジメントでは，リスク分析を始める前に，関係者の価値観を共有するためにも，コミュニケーションが重要であるとされている．

ステークホルダは，リスクに対してそれぞれの認識に基づいてリスクに関する判断を下すため，ステークホルダとのコミュニケーション及び協議は重要である．リスクに対する認識は，ステークホルダの価値観，要求，前提，概念，関心事の差異により，様々に異なる可能性がある．ステークホルダの見解は意思決定に著しい影響を与える可能性もあるため，ステークホルダの価値観を明

4.5 安全分野におけるリスクマネジメント

確にとらえ，記録し，意思決定プロセスの中で考慮に入れることが望ましい．

　安全活動を向上させるためには，必要な安全レベルや重要なリスクに関して専門家や担当者の価値観によって定めるのではなく，どのようなことを重大な問題と考えるのか，どのような環境を維持することが大切と考えているのかということに関して，関係者と意見を交換して，その考え方を共有することが重要である．

　リスク分析は，その価値観を確立した上で行う必要がある．巨大システムにおけるこれまでのリスクコミュニケーションは，必ずしもうまくいっているとはいえないが，それは上記のリスク分析を実施する以前のコミュニケーションに問題がある可能性が大きい．今後のリスクコミュニケーションは，以下の事項に留意する必要がある．

- 市民の理解を得るという考えから，共通の理解を広げるという考え方に転換する．
- 専門家がリスクを算定し説明する手法の限界を認め，何がリスクであるかという判断の時点から市民の意見を把握し，分析対象とするリスクの共有が重要である．
- 自分の意見をわかりやすく説明する技術だけではなく，市民の真の不安・要求を聞き取る気持ちと技術の確立が必要である．
- リスクコミュニケーションを始めるタイミングが重要である．市民が積極的参加をして納得できる社会を構築するためには，リスクコミュニケーションの開始時期を判断が変更できる余地が大きい初期の段階から積極的に行い，納得できる判断に結びつけられる仕組みにすることが重要である．
- 市民の信頼を対象となる安全問題に限らず，組織の信頼を獲得することが重要である．そのためには，安全に関する検討の仕組みや判断が変更となる環境条件の変化などをステークホルダに伝える必要がある．

　コミュニケーションと協議を実施するも目的は，以下の事項も含まれる．

- 組織が置かれている状況の適切な把握を支援する．

- もろもろのリスクの適切な把握の徹底を支援する．
- もろもろのリスクを分析するため，多様な領域の専門知識を集めてくる．
- リスク基準を設定し，諸リスクを評価する際，様々な見解について適切に配慮するよう徹底する．
- 対応計画への承認及び支援を確保する．
- リスクマネジメントプロセス実施中，適切な変更管理を強化する．

したがって，コミュニケーション及び協議に関する諸計画を早い段階で策定することが望ましい．これらの計画では，リスクそれ自体，その原因，（既知の場合は）そのリスクの結果，それに対応するために講じられている諸対策，にかかわる諸事項について取り上げることが望ましい．リスクマネジメントプロセスの実施について責任をもつ人々及びステークホルダに，意思決定の根拠，並びにある特定の処置がなぜ必要かについて確実に理解してもらうために，効果的な外部及び内部のコミュニケーション及び協議を実施することが望ましい．

(4) 組織状況の特定

リスク分析を行うに際して，組織の内外の状況及びその変化を把握することは，目標達成のための有効なリスク分析を行うために必要である．

特に安全活動に関しては，以下の状況及び状況変化に関して把握することが重要である．

① 安全，環境など広義に安全に関係する法規の動向
② 安全の許容などの価値観に関する国内外の考え方の変化
　多くの人の安全を包括的にとらえるという考え方を採用すると，理論的にあらゆる要求に100％応えるということを目指すことになり，経費，時間などが天文学的に増大するため，ここに確率論を採用することの意義が出てくる．
③ 組織の諸目標に変化を与える国内外の法規・財務・技術・経済・自然・競争の環境の変化
④ 企業内のガバナンスの考え方

⑤ 安全及び事業に関する資源及び知識という観点から把握される能力（例：資本，時間，人々，プロセス，システム，技術）
⑥ 安全に関する情報の流れ，意思決定プロセス
⑦ 安全に関する企業内部の各組織の立場，認識
⑧ 組織が採択したもろもろの規格，指針，モデル

(5) リスク特定

リスク特定を十分なレベルで実施するためには，分析を始める前にリスク特定とその前提となる目標設定に影響をもたらす状況の把握を行うことが重要である．特にリスク特定の範囲を決定する際には，分析・評価に必要となるリソースの十分性を確認した上で計画を立てる必要がある．

リスク特定の狙いは，組織の諸目標の達成を妨害，低下又は遅延するかもしれないもろもろの事象に基づいて，諸リスクの包括的な一覧を作成することである．この段階で洗い出されなかったリスクは，その後の分析の対象からは外されてしまうため，包括的に行うことが極めて重要である．

安全にかかわるリスクは，リスク源が組織の統制下にあるか否かにかかわらず，それらのリスクを洗い出すことが大切である．リスクの特定には，たとえリスク源又はリスクの原因が明らかではない場合でも，広範囲の結果について考慮することが望ましい．何が起こり得るかの把握に加えて，考えられる原因，並びにどのような結果が引き起こされ得るかを示すシナリオについて考慮する必要がある．重大な原因及び結果はすべて考慮することが望ましい．

特定するリスクに見合ったリスク把握のツール及び手法を適用することが必要となり，その知識と技術をもった人が担当しないと効果はない．

リスク分析は，その対象となるリスクによってその方法が変わるため，分析対象となるリスクをどのように特定するかは，リスクマネジメントにおいて重要である．

① 安全活動におけるリスク特定の考え方

安全分野におけるリスク特定の考え方は，その方法により大きく二つに分けられる．

一つは，潜在的危険源を特定して，その影響がどのような結果に結びつくかという考え方で求められるリスクであり，その特定は分析結果により導かれるものである．

もう一つは，分析対象とすべきリスクを最初に特定して，そのリスクが顕在化するシナリオを分析する方法である．

この方法においては，最初にどのようなリスクを特定するかという考え方は，いくつか存在する．まず，責任者がその意志として特定する方法である．この場合は，責任者は安全以外の様々な条件を考え合わせ，現状最も発生させたくないと考えるリスクを特定することとなる．次に考えられるのが，事故分析のように既に顕在化している事象の原因追求において，分析すべきリスクが決定される場合である．三番目の考え方は，安全目標を達成するために，その顕在化を一定レベル以下に押さえ込むべきリスクを定める方法である．

② リスクの把握──安全目標達成を阻害する要因の把握

安全目標から分析すべきリスクを特定する場合には，安全目標達成を阻害する人的被害の視点，物理的被害の視点，環境影響の視点，経済的視点，事業推進に関する視点，心理的影響に関する視点など，多様な視点からリスクを検討する必要がある．

③ 社会的信頼性に重点を置いたリスク特定の分析事例

社会の価値観を基に，リスク分析の対象を定めた事例を記す．

まず，組織Aにおいて，安全目標を"社会的信頼性を阻害する事故を重大事故と定め，重大事故に対して十分な対応を実施する"と定め，リスクマネジメントを実施した．

"社会的信頼性を得られない"という指標は，客観的指標はない．そのため，

4.5 安全分野におけるリスクマネジメント

新聞記事から，大きく報道されている事故の要素を，図4.13のように階層的に整理を行い，この価値階層を基に，新聞，テレビの社会報道関係者に階層分析法による分析を行い，事故の要素が信頼性に及ぼす影響を調査した．

その調査結果を表4.9に示す．

分析の結果，事故の結果及ぼす影響の内容が，物理的影響と人的影響と環境影響によって異なり，その社会的信頼性に及ぼす影響が1：6：3であることがわかった．

次に，これらの事故要素と具体的事故との関係を整理，社会的信頼性に影響を与える重大事故を定め，リスク分析の対象を定めた．

また，社会的信頼性の低下には，事故事象の内容と同じように，その事後対

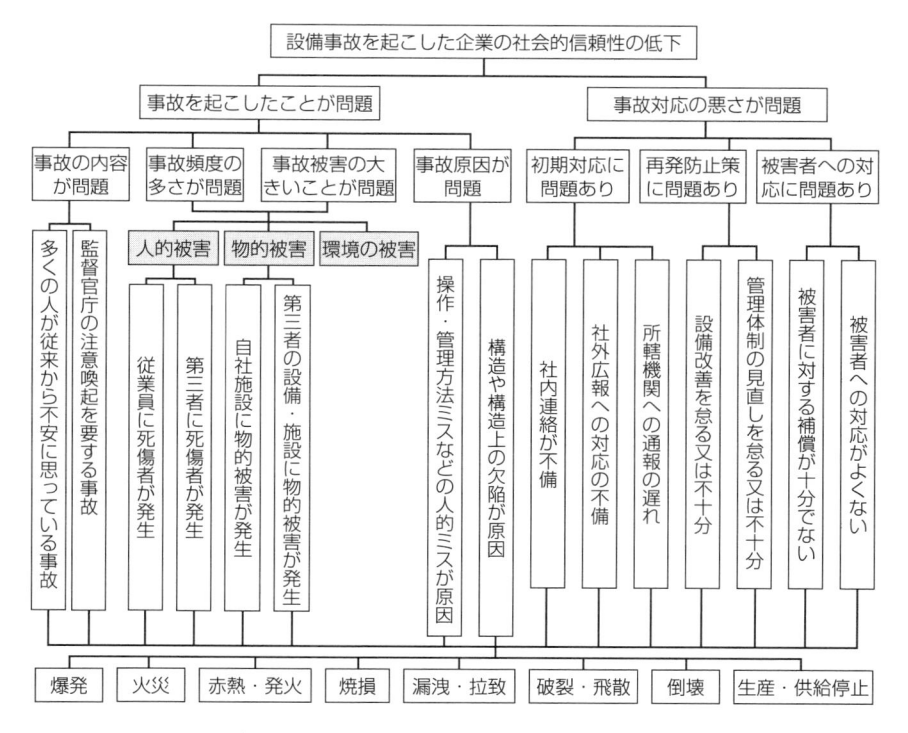

図4.13 設備事故を起こした企業の社会的信頼性の低下に関する階層図

表4.9 設備事故を起こした企業の社会的信頼性の低下に関する価値の重み

1次	2次	3次	4次	
事故を起こしたことが問題 (0.49)	被害規模の大きいことが問題 (0.40)	人的被害 (0.59)	従業員に死傷者が発生	(0.22)
			第三者に死傷者が発生	(0.78)
		物的被害 (0.09)	自社設備に物的被害が発生	(0.16)
			第三者の設備・施設に物的被害が発生	(0.84)
		環境被害 (0.32)		
	事故頻度の多いことが問題 (0.18)	人的被害 (0.55)	従業員に死傷者が発生	(0.22)
			第三者に死傷者が発生	(0.78)
		物的被害 (0.10)	自社設備に物的被害が発生	(0.16)
			第三者の設備・施設に物的被害が発生	(0.84)
		環境被害 (0.35)		
	事故原因が問題 (0.24)	原因が構造や機構上の欠陥であった		(0.60)
		原因が操作，管理方法などの人的ミスであった		(0.40)
	事故内容が問題 (0.18)	監督官庁の注意喚起を要する事故		(0.19)
		多くの人が従来から不安に思っている事故		(0.81)
事故の事後対応の悪さに問題あり (0.51)	初期対応に問題あり (0.32)	社内連絡の不備		(0.15)
		社外広報への対応の不備		(0.50)
		所轄機関への通報の遅れ		(0.35)
	再発防止対策に問題あり (0.24)	設備改善を怠る		(0.54)
		管理体制の見直しを怠る		(0.46)
	被害者への対応に問題あり (0.44)	被害者に対する補償が十分でない		(0.36)
		被害者への対応姿勢がよくない		(0.54)

4.5 安全分野におけるリスクマネジメント　　　　115

応のあり方が大きく影響を及ぼすことがわかり，リスクの低減対策のみではなく，保有しているリスクが顕在化した際の危機管理の確実性・有効性を高める必要があることが明らかになった．そのためには，発生確率が小さくても健在化時の影響が大きいリスクをしっかりと把握することが必要であり，保有しているリスクの認定も社会的信頼性の獲得のためには必要であることが把握できた．

(6) リスク分析

　リスク分析の目的は，把握されたリスクの理解を促すことである．リスク分析は，判断に選択が必要な状況で，その選択肢には様々なリスクの種類とレベルが含まれる場合，その意思決定に対して判断情報を提供する．

　リスクは，一つ事象により複数の結果が起こることもあり，また，一つの事象が複数の目標に影響を与えることもある．既存の諸管理策とそれらの有効性及び効率についても考慮に入れることが望ましい．

　リスク分析は，リスクの種類，入手可能な情報，並びにリスク分析からの成果が使われる目的を反映していることが望ましい．また，様々なリスク及びリスク源の間の相互依存性を検討することも重要である．

　リスクレベル決定の信頼性，並びに前提条件及び想定が信頼性に及ぼす影響度は，リスク分析の中で考慮し，専門家の間の意見の相違，情報の不確かさ・入手可能性・品質・量・実効性，又はモデル化の限界などの要因について明記することが望ましい．

　リスク分析をどこまで詳細に行うかは，リスク自体，その分析の目的，並びに利用できる情報・データ・資源によって，様々である．分析は，周辺環境によって，定性的にも，半定量的にも，定量的にも，若しくはそれらを組み合わせたかたちでも行われる．

　結果及びその起こりやすさは，一つ又は複数の事象の結末をモデル化することにより，あるいは実験調査又は利用可能なデータから外挿することにより，見極められることもある．

リスク分析において，影響の大きさの算定を実施する場合，安全分野のリスクに関しては以下のような表現方法がある．

① 被害の大きさの算定
② 各リスク指標
③ 金銭換算
④ 社会的信頼性　　等
⑤ 影響の項目例
　・人的被害，環境被害，生産被害
　・損害賠償，対策費の増加，機会損失
　・人材の損失，信頼性の低下　等

また，リスクの影響を検討する際，種類の異なる影響の評価についても考慮する必要がある．

リスクの影響の種類が同一分野であれば，リスク同士を同じ指標で比較することができるが，影響の種類が異なる場合は，図4.14に示すようにリスクの影響ごとに評価を行い，その影響の種類ごとにその重みをかけ合わせ，総合的に評価することができる．

また，多様なリスクの影響を金銭価値への一元化する方法もある．様々な影

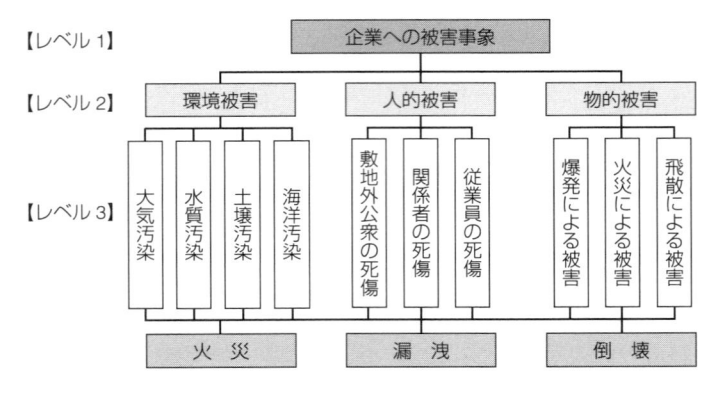

図4.14 種類の異なる影響の評価

4.5 安全分野におけるリスクマネジメント

響のあるリスク群の影響を金銭により，一元的に評価できれば，その費用対効果の検討なども可能となり，リスク評価に有効な評価手法となる．以下にこの手法を記す．

① 評価対象となるリスクについて，評価価値を決定する者（例：経営者，株主，住民等任意）に対して，階層分析法により重みづけを行う．
② リスクの重みと等価金銭額との関係を効用関数において関連づける．（図 4.15 参照）．
③ この関数に規定されたリスクの中で，その影響が主として金銭被害のみと考えられるリスクによって，この関数の境界条件を決定する．
④ 決定された関数を用いて，基準リスクの金額と評価値により金銭被害を求める（表 4.10 参照）．

リスク評価は，組織が置かれている状況を考慮して設定されたリスク基準と現状リスクを比較して，対応の必要性について検討するものである．

意思決定では，リスクが置かれているさらに広い範囲の状況について考慮し，法律，規制，並びにその他の要求事項を満足する必要がある．さらには，他者が負う諸リスクの許容度についての検討も含めなくてはならない．

周辺環境によっては，リスク評価の結果，さらなる分析を実施するという意

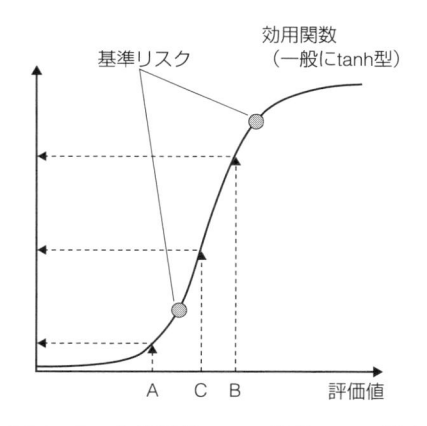

図 4.15 金銭価値への一元化モデル概念

表 4.10　金銭価値への一元化モデル概念

事故形態	被害形態の重み (1)	リスク構成要因の重み (2)	評価値 (1)×(2)	金額（基準リスクの金額と評価値により換算）（万円）
A	0.2	0.01	0.002	100
B	0.1	0.4	0.04	2000
C	0.2	0.08	0.016	800
基準 1	0.1	0.1	0.01	1000
基準 2	0.4	0.2	0.08	4000

思決定が導き出されることもある．また，リスク評価の結果，そのリスクについては，既存の管理策を維持する以外は何の対応もとらないという意思決定が行われることもある．この意思決定には，組織のリスクに対する姿勢並びに設定されているリスク基準が影響を及ぼす．

評価に関しては，その組織のもっている安全目標や経営理念とその判断が矛盾をしていてはいけない．

リスクの評価は，低減対象，保有対象，共有対象などを整理するものであるが，特に保有の概念は正しく理解する必要がある．保有とは，単に何もしないことではなく，新たな対策は打たないということを積極的に判断することであり，常に監視の対象となっていることを理解する必要がある．

リスク基準の作成方法は，様々な考え方がある．

まず，法律は必ず満足しなくてはならない．さらに，自分の組織や業界が定めた規則も守るべき基準である．

リスク基準には，国などの公共機関が定めるものもある．

また，日本の化学プラントの現状リスクを整理し，その最も厳しいレベルを目標とするような考え方もある（図 4.16 参照）．

リスク基準には，他のリスクとの比較によって相対的に定める場合もある．

リスクとリスク基準を比較する指標としては，リスクだけではなく，リスクの構成指標である発生確率や被害の大きさという各要素を比較する場合もある．

4.5 安全分野におけるリスクマネジメント 119

さらには，リスクが顕在化するまでに存在している発見や防止の防護機能に着目をして，防護レベルの観点から，リスク対応を決定する方法もある．

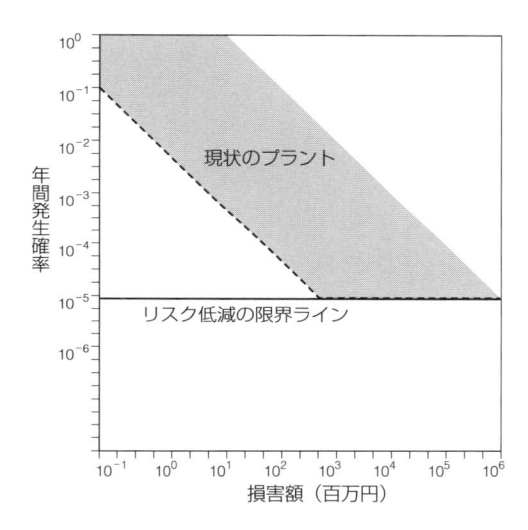

図4.16 化学プラントのリスク状況とリスク基準候補
(技術システムとしての安全目標のあり方より)

(7) リスクマネジメントを活用した安全活動を合理的に行うための要点

安全性の向上で重要なことは，問題を現場担当のみの業務とせず，組織の目標を達成するために組織が一体となって取り組むべき問題と認識し，経営と現場が連携した体制を構築することである．このリスクマネジメントの取組みを効果的に実施するためには，組織の技術，資本などのリソースを基に検討する必要がある．

安全目標を達成するためにリスクマネジメントを活用しようとする場合は，リスクを安全目標の阻害要因として認定し，リスクマネジメントと安全目標の達成を連携させることが重要である．リスク分析の対象は，その分析の成果を反映することによって安全目標の達成に近づくものである必要がある．このためには，まず目標の明確化と共有が重要である．

リスク分析に使用する手法は，分析対象であるリスクレベルに整合した手法である必要がある．リスク分析のレベルは，必要な精度，網羅性を確保できることが重要であり，体系的なアプローチを構築する必要がある．

また，リスク評価は，目標に対する社会や組織の価値観を踏まえたものである必要がある．リスク対策のあり方も，ステークホルダの意見を反映したリスク基準によるものでなくてはならない．

リスク対応では，安全分野におけるリスクは根本要因を排除しない限り理論的にその発生確率が0となることはないことを理解しておく必要がある．したがって，リスク対応では，リスクが定性的に小さくなるという確認では，十分ではないことを認識しなければならない．低減対策を実施する場合には，その対策によってリスクがどこまで小さくなるかを検証することが重要である．

安全性を向上させるためにリスク対策は，複数の対策案を比較して，その合理的な判断である必要がある．

4.5.2　リスクが危機に変わるとき

企業では，安全活動と呼ばれる業務から，危機管理と呼ばれる業務まで，いくつか存在する．

ここではまず，これまでの好ましくない影響に着目したリスクマネジメントと大規模地震や事故・事件などに遭遇した場合にその必要性が強調されている危機管理という概念との関係を説明する．

一般的に事故や危機がなるべく起きないような活動を行うことが，リスクマネジメントと呼ばれており，事故や危機的な状況が発生した後の活動を危機管理（クライシスマネジメント）と呼ぶ場合が多い．さらには，危機管理には，事故や事件が発生した後，限られた短時間の間に対応を行わなければならないという制限が存在する．

しかし，リスクマネジメントには，危機時の体制やマニュアルの整備などの危機に関する対応事項が含まれる場合もあり，また危機管理も危機発生時にその被害や悪影響を最小に止めることに限定せずに，危機を発生させない活動も

含めて危機管理と呼ぶ場合もあり，両者の差異は必ずしも明確にならない場合も存在する．

それぞれ，共通の要素も多いが，短期間におけるリーダーシップに関して危機管理は大きな特徴をもつ．

一般的にリスクマネジメントは，定常的な組織において，定期的に運用される場合が多く，危機管理は，その専門的担当組織は定常的に存在するが，その危機時対応は突発的であり，前記のように短時間での対応とならざるを得ないことが多い．ただし，危機管理組織としての日常の業務は多様であり，危機管理組織が非定常的組織であってよいというわけではない．

企業に潜在しているリスクが顕在化した場合に，事故や事件となるわけであるが，すべての場合にその事故や事件が危機となるわけではない．

リスクが，顕在化して危機となる場合には，主として以下の二つの場合が考えられる．

（1）顕在化した場合の影響が大きいリスク

物理的影響の大きなリスクとしては，巨大地震やプラントの大きな事故などが挙げられる．経済的影響としては，大型投資の失敗や重要取引先の倒産などの場合がある．このシナリオにより危機が発生する場合は，対応として初動対応力が問題となる場合が多い．

（2）時々刻々悪化するシナリオを内包するリスク——そのリスクが顕在化した時点の影響が小さかったが，その対応の過程でリスク対応に失敗する場合

このリスクは，対応すべきレベルが担当組織の対応能力をいつの間にか超えていることによることが問題である．このシナリオにより，危機が発生する場合は，対応体制をいつ危機管理に切り替えるかということが問題となる場合が多い．

緊急時として問題となるのは前者の場合であり，初動対応を中心にその対応

の難しさ，重要性が強調されているが，後者の対応に関しても，問題が山積している．

後者の危機への進展が見過される原因には以下の理由が挙げられる．

① 組織の対応能力の限界を把握していない，若しくは限界を把握することの重要性を認識していないため，状況に応じた対応ができない．
② 担当者が原因者である場合が多く，そのため対応者が自分で対応を完結したいという意識が強い．
③ 上司が，部下に対して対応能力の範囲か否かを判断させるため，部下の立場では"できない"とは発言しづらい．

危機管理では，自分の能力を過信せず，自分の立場を守る視点ではなく，組織や社会への影響を最小にするために必要な判断を行うべきである．そのためには，組織の長がまず自組織の対応能力の限界を正確に把握することが求められる．

さらには，危機となる事象としては，小さなトラブルでも繰返し起こすと，その回数の多さから大きく問題視される場合がある．また，社会が心配をしたり不安に思っていたりする事象に関しては，実際の被害が発生しなくとも，危機的状況になる場合もあるので注意を要する．

危機管理の対象となるリスクは，リスク評価の段階では，その発生確率は小さいと判断される場合が多い．その場合，リスクを低減するための具体的な対策が見当たらず，検討しても意味がないと判断される場合が多い．しかし，危機管理の対象として認定するためには，そのリスクの存在は認識しておく必要がある．

経営にとって重要なリスクとは，低減の対象になるリスクとは限らない場合があることに注意されたい．

4.5 安全分野におけるリスクマネジメント

■コラム　与信リスクと営業（マーケティング）リスクは不可分？

　今まで，多くの企業は営業戦略をつくり販売などの促進に結びつけるマーケティングと，売掛金などの資金回収は別の機能として考えていたのではないか．そしてそれぞれに別のリスクが存在するという考えが一般的であろう．つまり，マーケティングにおいては，どのような対象に製品やサービスが受け入れられるかという潜在的なニーズを引き出すことに注力し，それに基づく営業においては所定の営業契約を結べるかというのが重要で，いかに適所に積極的に活動するかという点がクローズアップされる．リスクといえば，所定の営業成績を達成できないことをとらえる場合が多いであろう．一方，資金回収などの問題は，与信管理におけるリスクとして別物として分けられ管理強化が求められるのが一般的であろう．

　しかし，ISO 31000 のリスクの考え方を取り入れて考えれば，事業目的が所定の収益を確保するという観点に立つと，これらの二つのリスクはどちらもその目的を阻害する可能性のある要素であり，表裏一体な部分に気づく．

　営業（マーケティング）リスクを小さくするために信用の低い先にも営業をかけて，たくさんの契約をとることは，うまくいけば事業目的の達成に寄与するが，その一方で資金回収が不調になればせっかくの営業活動が無駄になってしまう．この部分は与信管理で補うことになるが，与信管理の強化にも限界がある．

　こうして考えてくると，マーケティングも与信管理も根っこは同じで，双方に内在するリスクは不可分でそれらをバランスよく管理していくという観点が重要であろう．

　営業面でいえば，どのような先に売れるかだけでなく，どのような先に売るべきでないかを考え，与信面でいえば，どのような先にこそ取引を増やすかという観点が必要になる．双方が情報を共有しあうことで，一歩進んだマーケティング戦略の立案や与信管理が実現されるかもしれない．

第5章 事業継続マネジメントの紹介

事業の継続を脅かすようなリスクが顕在化したとき，ダメージの早期回復が不可能な状況に陥ることで事業活動が停滞し，ひとたびステークホルダからの信頼を喪失してしまえば，その後の組織を維持していくことは極めて困難となる．そこで，リスクが顕在化した後の事態を想定し，あらかじめ定めた事業機能水準を維持するために事前に行うリスクマネジメント活動が事業継続マネジメント（Business Continuity Management：以下 BCM と記す）である．

ISO では，PAS（一般公開仕様書）22399:2007 に，社会セキュリティという枠組みの中で，組織の継続的な実行可能性を確保するための方法を提供している．さらに各国では，不測の事態においても自国の経済活動基盤の混乱を回避するために，独自に，行政や業界など様々なレベルで組織の対応方針が戦略的に制定され，公開されている．相互依存する現代の事業活動上のバリューチェーンを介して，この流れはグローバルに波及しており，事実上，BCM への取組みが企業間の取引条件とまでいわれるようになった．

本章では，このような組織の危機管理方策の一環として行われる BCM 活動の効果的な導入について紹介する．

5.1 事業継続マネジメントとは

BCM とは，事業継続計画（Business Continuity Plan：以下 BCP と記す）策定のため，経営レベルで事業リスクを適性に評価し，危機が発生した緊急時にも目標とする事業機能の継続水準を設定することで，必要な対策投資を合理的に決定しこれを推進するとともに，具体的な行動基準を整備しておくといった一連の取組みを指す．さらに，策定された BCP の実効性を検証し改善してい

くため，検証訓練などを通したPDCAサイクルによって継続的に行われる組織活動を意味する．

BCPを策定し，BCMを導入することで，組織は事業継続性の確保を目指す．この活動により組織は事業基盤の頑健性を高めると同時に，これら内容の合理性をステークホルダに発信，共有していくことで信頼を獲得し，組織価値を高めていくことが期待されている．組織はBCM活動を単に危機管理のための対応コストととらえることなく，自ら対応すべき事業リスクを定めていく中で，戦略的に取り組むことが求められる．

5.1.1　活動の枠組み

組織活動のマイルストーンは，図5.1のように整理される．

事業影響分析に基づいてBCPを具体化し，この継続的改善に取り組むことによってBCMが実現される．

組織の業務機能を棚卸しすることで，事業全体像を把握することがこの第一歩となる．次いで，事業の継続により何を守りたいのか，継続あるいは早期に

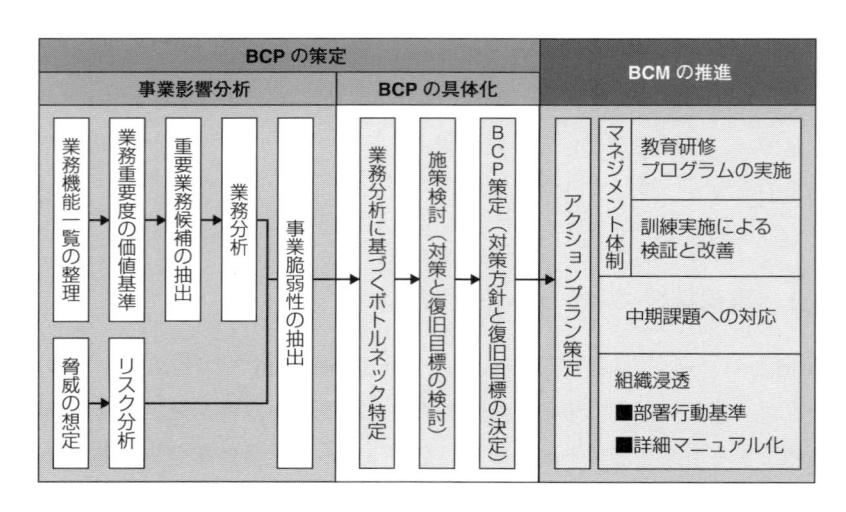

図5.1　BCP策定とBCM導入のマイルストーン

5.1　事業継続マネジメントとは

復旧をすべき重要業務を選定する価値基準を定め，この基準に沿って重要業務候補を抽出する．価値基準とは，組織の収益を確保したいのか，顧客の利便性を守りたいのか，市場シェアを維持したいのか，市場への供給責任を果たしたいのか，社会的要請や顧客への影響，組織の財務基盤などのうち，どれを重要視するかの評価軸上の重要度を定義することである．最終的に採択される対策の合理性を説明するこの価値基準は，業種によって，あるいは個別組織によって異なってくる．

このようにして抽出された重要業務候補に対して，業務がどのように成立するのか，業務分析を通して，必要となる経営資源を特定していく．

一方で，脅威を想定し被害シナリオを構築する．被害シナリオをもつことで，BCPの実効性を高めるための具体的な対策を検討することができる．大規模地震，台風，停電，感染症の蔓延，犯罪やテロなど，被害シナリオはこのような事象を指すものではない．これらが発生することによって，経営資源（人的資源，物的資源，資金，情報資源）や外部へ依存する資源がどのようなダメージを被るか，この組合せを明らかにすることを意味する．

業務継続に必要な経営資源と被害シナリオを重ね合わせることで，事業の脆弱性が具体化される．論理的に導かれた重要業務と，蓋然性の高い被害シナリオによって，優先的に対策を実施すべきボトルネックが明らかになる．

ボトルネックへの対策効果を合理的に判断し採択することで，実現される業務の復旧目標が定まる．目標ありきで対策を検討しても膨大な投資コストを要する現実にぶつかり，そこで検討が停止してしまう場合が多い．最終的な業務復旧目標とは，取り得る対策とのバランスから定義することが現実的といえる．

そして，この業務復旧目標を実現するための施策をアクションプランとして整理し，アクションプランの進捗管理を通して，BCPの実効性を確認し改善していくBCMの段階へと入る．

BCPの初版ともいうべき唯一回の検討で，完璧な計画が策定されることはないであろう．そこで，いち早くこのBCP初版を策定し，これに続くPDCAサイクルによって，計画をより強固にしていくことが，今日の組織に求められ

ている姿といえる．

5.1.2 PDCAサイクル

BCPは紙上の計画に過ぎない．策定されたBCPを基に，とるべき施策群をアクションプランに整理することで，BCM上の活動計画が定められる（Plan）．この計画に従って施策に実際に取り組むと同時に，BCPを組織に定着，浸透させる活動を行う（Do）．これらの進捗状況を管理するとともに，真にBCPが有効なものであるかを検証する必要がある（Check）．検証結果から得られる課題，一つの施策が終了することで付随する新たな課題などの発見に対応しながら，組織や事業環境の変化に応じた活動方針の見直しを行う（Act）ことで，継続的な改善活動が実現する．

これらの活動サイクルは，図5.2のように整理される．

PDCAの活動上，特に重要な点は検証訓練の実施である．

BCPに示される行動計画には，平常時の業務活動とは組織も対応内容も全く違ったものが多く含まれることが多い．訓練においてこれらに示される手順や計画を模擬的に実践することにより，その実効性や有効性についての課題を把握し，改善に結びつけることができる．

1回の検証訓練によって確認できる範囲は限られている．BCM活動を開始したての段階では，当初3年程度の期間を確保し，中長期的な訓練実施計画を

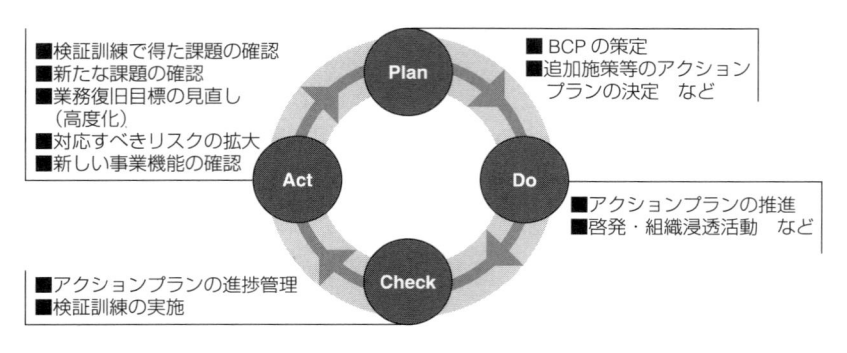

図 5.2 BCMにおけるPDCA活動

立てて，段階的に組織対応力のレベルアップを目指していくことが有効である．3か年の訓練計画では，部分的な確認・検証を行う要素訓練を重ねることによって徐々に完成度を高め，最終的にBCP全体を模擬する総合訓練に結実させる形を目標としたい．

訓練目的や企業が置かれている現状のレベルによって，採用すべき訓練形式や訓練規模は異なる．例えば初年度は，担当者別に専門技能を修得するための要素訓練とし，関係者が各自の役割と作業を具体的に把握することを目的とする．要素訓練の計画は，経営層，対策本部要員，担当部門別，担当部門連携，全従業員，外部機関との連携，新任層といった対象別にプログラム化されることが理想である．2年目は，初年度に習得した技能を使った応用の訓練とし，担当者間や拠点間での連携を具体的に確認することを目的とする．3年目は，初年度，2年目で確認された手順について自主的に判断して動けるようにするとともに，組織全体の総合訓練と位置づけ，全体の連携と進行の確認を行う．

なお，ここでいうBCPにおける総合訓練は，一般に行われている総合防災訓練とは全く質が異なる．事業継続に必要となる要素訓練を組み合わせて大規模な訓練を設計し実施することは，組織にとって非常に高いハードルであり，行政やインフラ企業，その他一部の事業会社においてのみ実施されているのが現実である．一足飛びに総合訓練を目指しても，実のある効果は得がたいであろう．

これら目的に応じた具体的な検証訓練の形式と内容を，表5.1に整理する．特に，実践的な対応力の向上を目指す上で，参加者の判断能力や意思決定力を養う机上シミュレーションを活用することが効果的である．机上シミュレーションとは図5.3に示すイメージのように，関係者が会議室などに参集し，様々な状況が課題として付与される中で，実際に身体を動かすのではなく，机上で状況を理解し，必要な行動を決定し，その実現に障害となるような因子を協議していく活動である．

検証訓練によって，頭の中でBCPの発動をシミュレートする機会を実現することが重要である．

表 5.1 検証訓練の形式と内容

訓練形式		内容
研修・講習会		講義やワークにより知識を習得する.
ドリル		通信資機材の取扱いや救命措置など, ある特定技能の習得のために繰返し実施する.
机上シミュレーション (Table Top Exercise：TTX)	状況付与	与えられた状況や課題について机上（図上）で対応策を検討し, 判断力を養う.
	状況創出	与えられた最小限の状況を基に, 自ら課題や状況を設定することで, 判断力と想像力を養う.
指揮所訓練 (Command Post Exercise：CPX)	シナリオ提示	訓練シナリオに基づきながら, 対策本部における情報連絡や会議などの実際の活動を行うことで, 基本的な手順などを確認する.
	シナリオ非提示	対策本部における情報連絡などの実際の活動を行いながら, 意思決定などの実践的な対応力を検証する.
展示訓練（Field Exercise：FX）		避難行動や災害現場での対処活動（消火や救出・救助）, 業務復旧行動などの基本動作を, 連携手順を踏まえて実際に活動する.

さらに, 訓練による検証の難易度を段階的に高めていくには, 次の三つの方針が参考となろう.

① 達成業務水準を訓練形式の変更, 参加範囲の変更によって高めていく.
② 想定するリスクシナリオを広げていく.
③ 訓練対象とする対象業務の種類を増やしていく.

5.1.3 事業継続計画の文書体系

BCPが整備されていると胸を張って公言できるために, 以下に掲げる五つの要素が完備されているかを確認する.

5.1 事業継続マネジメントとは

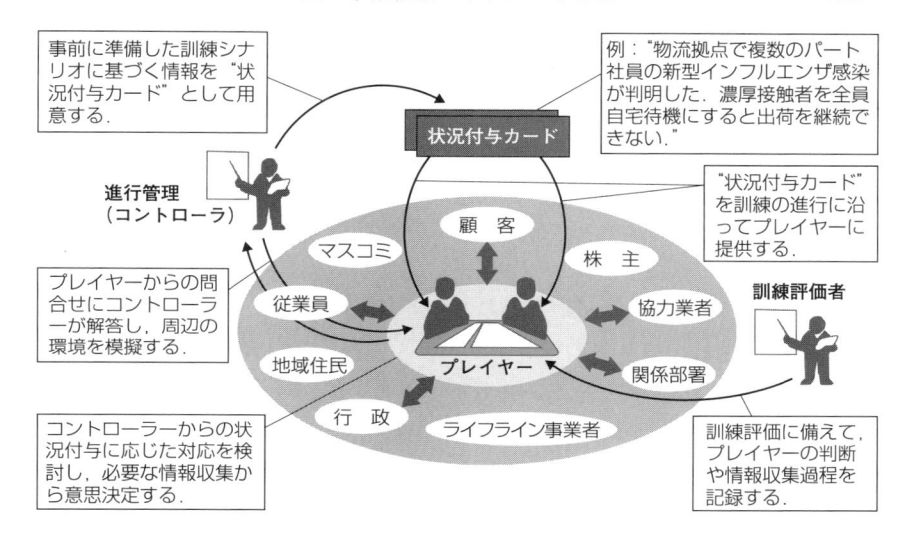

図 5.3 意思決定の机上シミュレーションイメージ

(1) 脅威の想定
BCPにより組織が対応すべき前提を明確にしていること．

(2) 事業影響分析の実施
想定脅威に基づく経営資源のダメージを把握し，業務停止の期間，機会損失や市場への影響などを具体化していること．

(3) 業務復旧目標の設定
BCPにより実現を目指す業務の復旧目標時間（Recovery Time Objective: RTO）と復旧目標レベル（業務遂行能力／操業度）（Recovery Level Objective: RLO）とを組み合わせで保有していること．

(4) 業務復旧目標実現のための施策
人的運用策，設備対策，情報システム対策，ロジスティクス対策，資金繰り

管理策などを備え，現行で不足している対策はアクションプランに整理されていること．

(5) BCM 体制

PDCA の実践体制を整備し，教育研修や検証訓練計画が定められていること．

これらを整理し，図 5.4 に示すとおり，事業継続の考え方，BCP を策定するために行った業務やリスクの分析結果，種々の対策検討資料，BCM における組織活動の内容，継続的な取組みを行うためのアクションプラン，緊急時の対応目標と実際の活動内容の総体が，BCP 文書となる．

このうち，図 5.4 左側の太枠で囲んだ，"緊急時の体制"，"個別業務の暫定対応目標とマニュアル類"が，実際の危機発生時における行動を定めたものとなる．BCP 文書は，この緊急時の行動のみではなく，計画が合理的に策定された前提，計画を継続的に見直す枠組み，毎年あるいは中長期に渡る具体的な組織活動項目のすべてを総称したものを意味する．

BCP の策定活動が一過性に終わることなく，組織への定着と浸透，改善と伝承が実現できる枠組みを保有することが重要である．

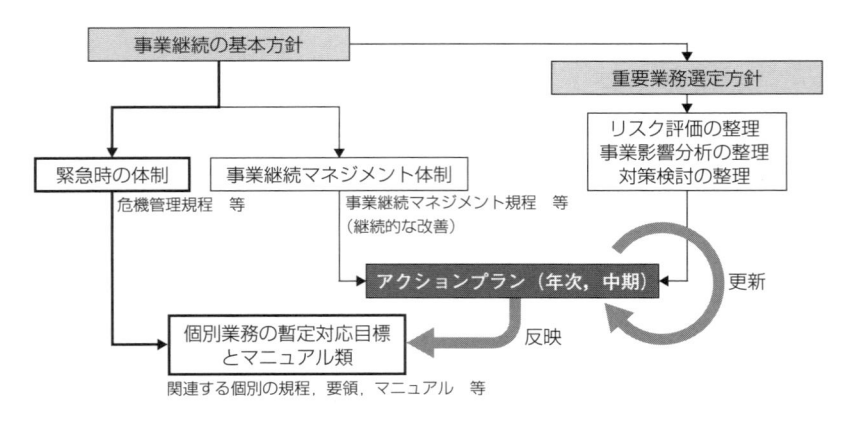

図 5.4 BCP の文書体系

5.2 事業影響分析

BCPを策定する上での事業影響分析（Business Impact Analysis：以下BIAと記す）とは，組織の個々の事業活動が事業全体へどのような影響を及ぼすのかを論理的に評価し，その結果を組織共有する活動である．BIAにより，事業全体像が共有されること，その上で事業が成立する条件を明らかにすること，事業継続により守るべき組織価値を説明できること，事業の脆弱性に基づくボトルネックが特定されることが求められる．

BIAは，BCPの実効性を検証し，BCM活動の合理性を説明する上で重要な要素である．と同時に，BCP策定に限らず，リスクマネジメント活動を推進する上でのリスク発見ツールとしての副次的効果が期待されるものでもある．

5.2.1　バリューチェーンアプローチ

事業は，ある組織単独の活動だけでは成立しない．組織自身の生産活動とともに，他者（他社）からの原材料，資金，情報などの調達・取得関係，他者（他社，市場）への製品やサービスの供給関係などにより，一連の連鎖関係をなしている．

そのためBIAを行う上では，自組織を単独で評価するのではなく，図5.5に示すとおり，事業上流と事業下流を含め，物の流れ，情報の流れ，資金の流れに基づいた事業全体のバリューチェーンを評価する必要がある．

近年の工場における爆発事故の発生や，2007年の新潟県中越沖地震などにおいて，図5.6に示すようにサプライチェーンが部分的に途絶することで，複数の企業や業界全体に事業停止の影響が及ぶ事態が頻発している．これらは，特定の業種の話ではなく，複数の業種で同じ構図の事例が発生している．このような事例からも，自らの組織のみに限らず，外部の組織についての検討を加えておかなければならない．

事業効率を高めるために調達先を絞り込む，業務機能をアウトソースする，製品やサービス区分を細分化し事業を得意の専門分野に集中するなど，近年の

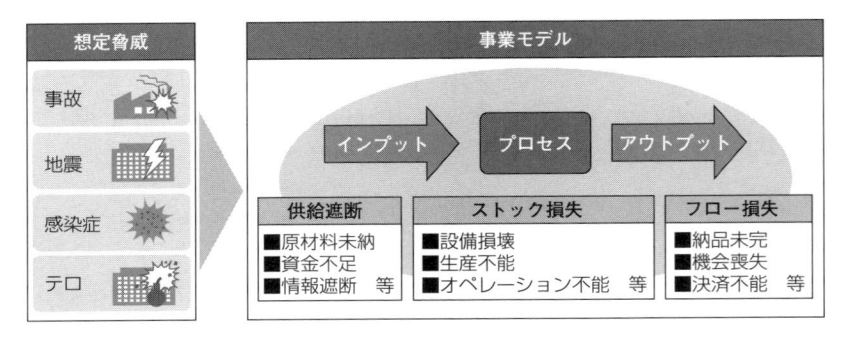

図 5.5 事業影響の把握

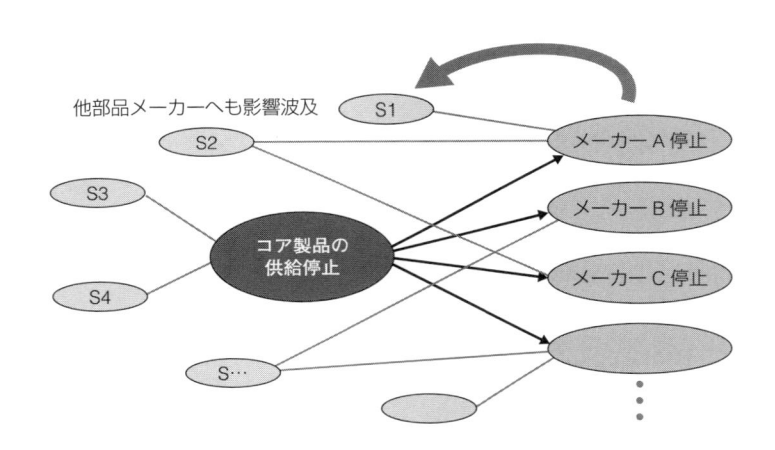

図 5.6 サプライチェーンへの波及事例

経営では，事業に関係する個々の組織機能の重要性が相対的に高まる傾向にある．この結果，ある部分のチェーンが途絶することで，事業や業界全体に甚大な影響を及ぼす可能性が極めて高くなってきている．効率化と頑健化の双方の観点から事業を検証し，どこに脆弱性を保有しているかを明らかにするためには，BIA の最初の活動として，事業のバリューチェーン全体像を明らかにすることが必須となる．

5.2 事業影響分析

バリューチェーンを整理するにあたり，図5.7に例示するように，ビジネスモデル上の業務機能の連関を可視化するとよい．

バリューチェーンを分析する手順は，次のとおりである．

(1) 事業上の業務機能分類を定義する．
(2) 物量，情報，資金の流れに基づいて，業務機能の連関を結線し定義する．
    このとき，機能連携上の，機能間の先行関係，並行関係，遅行関係を把握する．
(3) 個別の業務機能と業務機能の連関維持に要する経営資源を特定する．
    機能を実現するための組織内部の経営資源を拠点，組織単位で配置する．
    共通基盤となる資源については，各機能へ連関を割り振る．
    ビジネスプロセスに必要な外部に依存する資源を加える．
(4) 機能の喪失あるいは機能連携を途絶させるリスクファクターを抽出し，図上にマッピングする．
    リスクファクターに対し，（半）定量化の可能性を検討する．
(5) 事業キャッシュフローに，リスクファクターの関係を反映する．

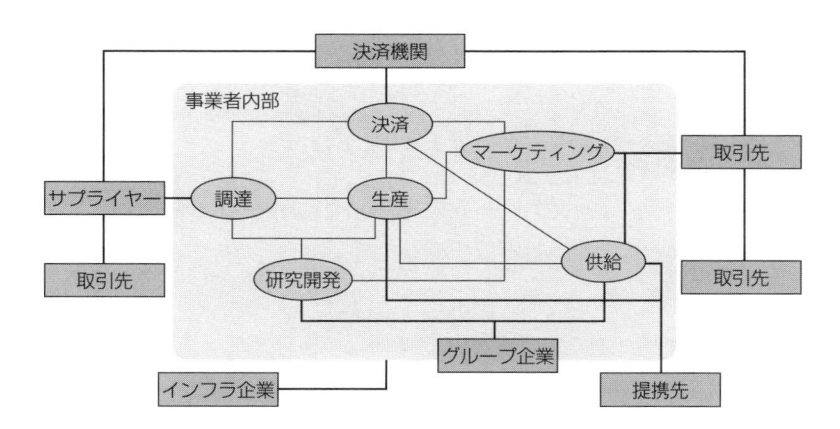

図5.7 ビジネスモデルの模式的な表現例

図 5.8 には，製造業における拠点業務を具体的に構造化した例を示す．

さらに，調達先や提携・協力・委託企業の代替企業候補，金融機関と金融市場，エネルギーや通信などの社会インフラ，競合，行政／規制当局や周辺立地企業などの事業関係者を特定し，関係者の行動選択肢の内容と波及範囲（行動の連鎖）を分析する．

これら分析の結果，事業が成立するために何が必要か，どの機能が途絶えると影響がどこまで波及するか，どの機能が事業回復を決定づけるかが特定され，事業価値を議論する上での論点が明確になる．

BIA は，事業停止が財務諸表上の数値へ及ぼす影響の大きさとその重要性を議論することのみが目的ではない．事業を業務機能や経営資源，外部に依存する事項に分解することで，構造的にとらえ，ともすれば組織内の一部の専門家に偏在しがちな事業リスク管理上の暗黙知を可視化することで説明し，集合知化して共有していく過程そのものといえよう．

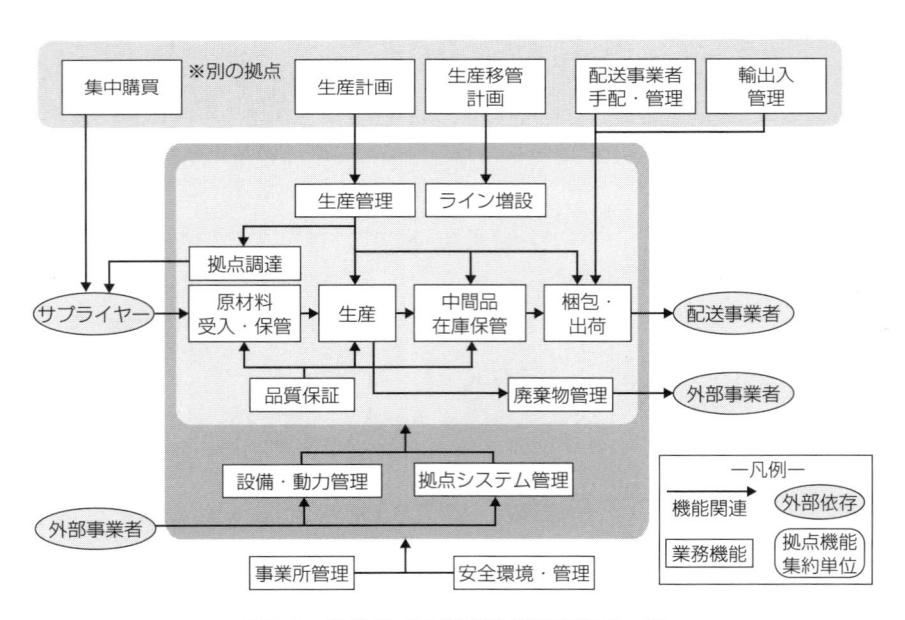

図 5.8 製造拠点の業務機能連関定義の例

5.2 事業影響分析

バリューチェーンアプローチにより，事業を成立させる相互依存関係が，"事業関係者"，"事業関係者が担う役割"，"役割の実現と維持に必要な経営資源"へと階層的に分解される．この結果，事業を継続するためには，組織自身が何を準備しておくべきかとともに，他の組織に依存し，事前に協力関係や合意を形成しておかなければならない事項が，明らかになる．

このようなバリューチェーン上の課題は，次の枠組みで整理する．

① 組織が管理する経営資源（人的資源，物的資源，資金，情報資源）に関する課題と，外部連携上の課題とを区分する．
② 事業拠点ごとの課題を特定する．
③ 事業拠点間や組織間の横断的な課題を特定する．

バリューチェーンの整理により，特に①や③の視点での課題発見が重要であり，具体的なボトルネック特定へと結びつく．例えば，実際に企業では次のような課題が発見される．

・サーバルームの機器保全と空調の稼働による環境の維持といった，役割が異なる情報システム管理部門と，施設・設備管理部門の組織間連携の実現，緊急時の対応目標の共有と行動の整合性の確保
・生産活動に留まらず，海外市場へ製品の供給を維持するために必要となる輸出入管理（インボイス発行など）事務の実現
・生産支援に必要となる代替不能な設備メンテナンス事業者への依存性の発見に基づき，協力を要請する必要のある事前合意事項
・生産上の工程段階に応じ在庫（原材料，中間品，最終製品など）管理の適正を考慮した安全在庫のあり方
・物流維持のための在庫管理，配送手配上の管理および実際の配送事業者との連携の実現

等

5.2.2 経営資源の構造化

最低限の事業維持に必要な業務機能が明らかになった後，その機能を実現させるために必要となる経営資源を具体的に特定する．

経営資源には，表5.2に示すような人的資源，物的資源，情報資源，資金と，外部に依存する資源がある．これら経営資源に対し，どのようなダメージが考えられるか，その程度を具体的に評価するためには次節の被害シナリオを分析する必要がある．

表5.2 経営資源の抽出視点例

資源分類	内容	補足的な事項
人的資源	・操業に必要となる人数 ・キーパーソンへの依存 ・派遣者への依存 ・勤務形態	・特定スキルの育成期間，他拠点・グループ企業などでの代替性 ・時間，連続稼働やバッチ処理などの業務のサイクル
物的資源	・建物 ・特殊な施設・設備 ・保有在庫 ・ユーティリティ類	・耐震・免震などの対応状況 ・稼働環境の特性，特注品，再調達や補修上の問題，工程上のクリティカルな補機 ・原材料，仕掛，製品，保守部材，管理条件
情報資源	・生産管理や決済などに必須の情報システム ・データ管理の状況	・設置場所，管理者，代替手段の可否 ・電源・空調などの環境管理，バックアップ状況，再構築手順
資金	・緊急性のある決済 ・海外決済 ・災害時の復旧・復興	・災害時の資金調達手段
外部依存	・インフラ ・物流 ・重要サプライヤー ・メンテナンス事業者	・動力，電力，水などのバックアップ ・陸海空運送事業者，管理・手配の仕組み，港湾・空港施設の代替性 ・品目，調達頻度，在庫，代替性

特定した経営資源を構造化した例を，図5.9に示す．図では，生産管理システムの回復を目標の一つに掲げているが，そのためには情報システム機器類の

5.2 事業影響分析

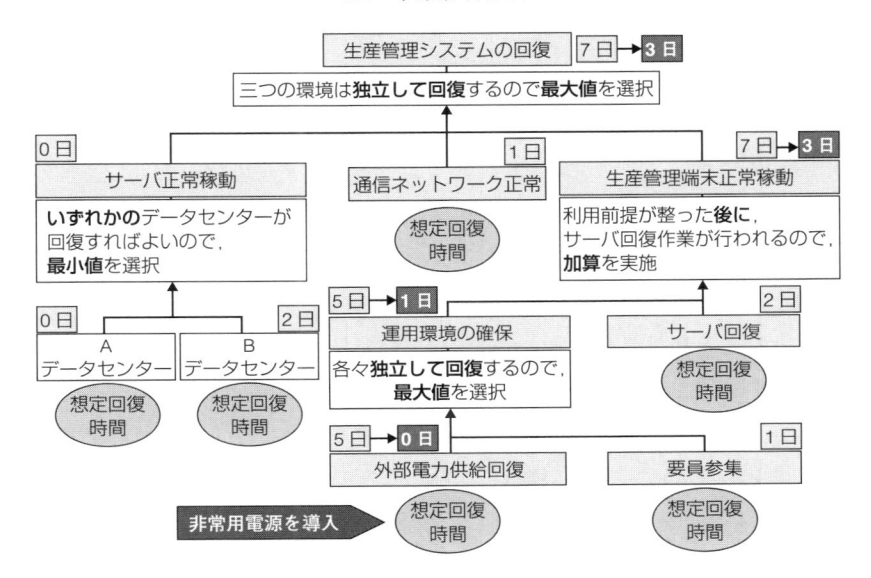

図 5.9 地震を例とした業務機能回復までの具体的な経営資源評価の例

機能，インフラとなる通信ネットワークの正常化，システム運用体制の確保のすべてを達成しなければならないことが説明されている．

このように，機能実現のための経営資源の組合せを紐解き，どこに課題が存在するために回復が遅れるのかを論理的に導くことができれば，必要な対策とその効果を明らかにできる．

5.2.3 ボトルネックの特定

事業継続を脅かす，経営資源の機能喪失を具体的に特定したものがボトルネックとなる．経営資源上の単純な弱点を表すものではなく，経営資源が果たすべき機能を明確にした上で，この機能が喪失されることにより事業が停滞してしまう状況を把握することが目的である．

また，バリューチェーンを評価しておくことで，考慮すべきリスクをバリュ

ーチェーン上に重ね，検討し忘れている部分が残されていないか，具体的に目で見て確認することができる．この結果，組織の事業継続上のボトルネック候補をすべて抽出できているかの十分性が担保される．

ボトルネックは，既に対策を行ったもの，現在対策を実施中のものを含めて広く特定しておく．これにより，対応できている内容，組織に不足している内容が全体像として整理できるため，思いつきの列挙的な対策活動とはならず，計画的な対応を推進していくことが可能となろう．

また，特定されたボトルネックのすべてに対応する必要はない．対応の優先度を検討することにより，短期的に対応すべき対策，数か年かけて計画的に対応すべき対策を区分する．費用対効果を考慮することでリスクを保有する内容も出てくる．さらに，利益保険などを活用してリスクを共有するような対策も選択肢に挙げられるであろう．

5.3 対象脅威の例

事業継続を脅かす事態は数多く想定することができるため，組織が保有するリスクのうち何を対象脅威とするか，前提を明らかにしておかなければ，BCPに具体性がもてない．この前提は，組織が属する業種や事業活動を行う地域によって異なる．

BCPが普及してきた背景には，欧米ではテロなどの人為的災害への対応の必要性，我が国では自然災害，特に大規模地震への対応の必要性が挙げられてきた．しかしながら，組織が対応すべきリスクは一律に定義できるものではなく，求められる役割に応じて自ら特定する必要がある．

あらゆる事態を想定した事前の準備は不可能である．本節では，限られた時間，人員，予算の中で，優先的に考慮すべき脅威を設定し，合理的にBCPを策定する考え方を解説する．

5.3.1 脅威の類型化

BCPを策定するためには，脅威を具体的に想定する必要がある．脅威の想定がなければ，事業への影響を具体的に評価することができず，計画は概念的となり必要な施策を導くことができない．

一方で，事業継続を脅かす事態は，表5.3に示すとおり多様である．これら脅威のすべてに対し，一つひとつBCPを策定していくことは非合理的といえよう．第1に，組織が直面するあらゆる脅威を列挙することは困難である．第2に，仮にすべての脅威が特定されたとしても，通常，それらすべての対応の事前活動ため，潤沢に経営資源を割くことはできない．第3に，実際に危機が発生したとき，その状況は必ずしも事前に想定した内容に一致するとは限らない．

そこで，組織にとって優先的に対応すべき脅威を選定した後，その脅威に備えることで，他の脅威への対応の応用性が効くように計画を整備することが効果的である．図5.10には，被害形態の異なる典型的な脅威を示す．

火災やシステム障害に代表される脅威とは，自組織の内部要因に起因する業務基盤の喪失であり，組織外部の機能が失われる事態ではない．組織内の危機

表5.3 事業継続を脅かす事態の例

大規模地震
風水害
その他自然災害
火災・事故
インフラ事故
感染症の蔓延
システム障害
内部統制事項にかかわる違反
犯罪などの発生
テロ・紛争・暴動
風評などの発生

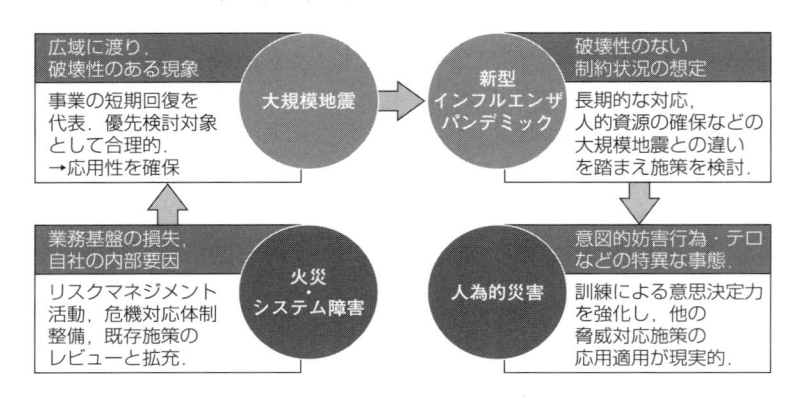

図5.10 脅威の類型化

対応体制を整備するとともに，リスクマネジメント活動の中で，直接的にリスクの低減を図る対象ともなる．特に，組織活動の情報システムへの依存度合いが高まる中では，システム障害は優先的に取り組むべき代表的な脅威である．

大規模地震のような自然災害の発生，新型インフルエンザなどの感染症の世界的な蔓延（パンデミック），意図的妨害行為やテロなどの人為的災害は，発生そのもののコントロールが不可能である．

その中でも大規模地震の発生は，ある地域一帯に渡り物理的な破壊を伴う事象である．自組織とともに，外部に依存する資源が毀損したり機能不全に陥ったりする状況を代表し，被害内容は，工学的な研究成果に基づいて想定することが可能である．そのため，自然災害の多い我が国における優先検討対象として合理的といえる．重要な点は，大規模地震を脅威としながら，地震に特化したBCPを策定するのではなく，自組織の機能不全とともに，外部に依存する資源が機能不全に陥る可能性を検討し，短期的に事業を回復させなければならない事態に備えた計画として応用性をもたせることにある．

新型インフルエンザ・パンデミックは，異なる被害形態を代表する．物理的な破壊は生じず，被害は世界的に広がり，地震のように短期的に事態は終息しない．この結果，主として人的資源の確保が課題となり，全国的な影響を想定

しなければならず，半年以上，数年にも及ぶ長期的対応が必要となる．

このように，短期的な事業回復と長期的な事業継続対応の大きく二つの対応を検討しておくことで，組織が準備しておくべき対応内容を幅広く検討することができる．ただし，これら脅威により，組織内外がすべて壊滅的な被害を受けるような状況の想定は，事業継続自体が元々不可能な話となるため意味がない．他の組織が生き延びる中，自組織だけが事業を継続できなくなるような事態を避けるための前提を選定しておくことが必要となる．

人為的災害については，行政や原子力関連施設，その他社会インフラ上重要な機関以外の一般的な組織が，単独で対応を図ることはコスト的にも難しい．まずは，訓練による状況判断と意思決定力の強化に力点を置くとともに，他の脅威想定の結果得られる対応施策を応用適用していくことが現実的といえよう．

このように，脅威を類型化することで，計画を具体化していくことは効率的といえよう．例えば，金融では，大規模なシステム障害への対応，自然災害（特に大規模地震）への対応，感染症の蔓延への対応，人為的災害への対応を順次検討しておくことを最初の取り掛かりとしている．

5.3.2 短期対応と長期対応

BCPで定める業務復旧目標を模式的に表現したものを図5.11に示す．

前節の大規模地震で代表した事前準備計画により，経営資源の毀損によって一時的に業務遂行能力が落ち込む中，業務機能を回復させ，短期的に事業回復を実現する（図5.11，左図）ための一連の行動基準が定められる．ここで検討された，経営資源の毀損／機能不全発生時の対応は，類似の短期的な事業回復を要する事態に応用適用することが期待される．ここで定められる計画より，"失われた業務遂行能力の優先回復の順序"が組織共有されることになるのである．

他方，感染症の世界的な蔓延（パンデミック）に対して事前準備された計画からは，予防的・先行的な対応で自ら"業務遂行能力を低下させていく順序"，及び，どの時点で"業務遂行能力を元に回復させる"（図5.11，右図）かが組

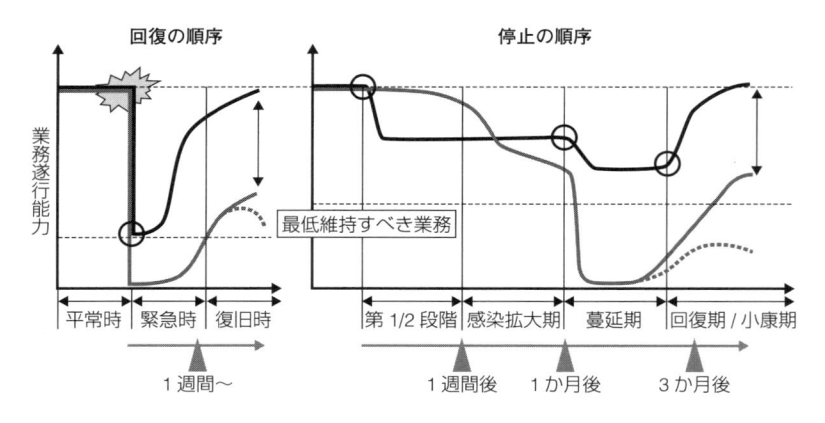

図 5.11 業務復旧目標と業務維持目標

織共有されることになる．

このように，対象脅威を選定することは，組織の事業継続を具体的な目標として定めることにつながる．現実的で具体的な目標を保有するためには，発生の蓋然性が高い脅威を具体的に想定して事業への影響を評価しなければならない．大規模地震とパンデミックという二つの脅威を代表例として，自らの事業活動に重ね合わせることで，まずは基本的な対応を定めていくことが，一つの方向性である．

5.4 事業継続対策

事業継続のための具体的な対策は，組織が保有する経営資源に対して行われる．どのレベルまで事前に備えておくべきか，この内容は組織が掲げる事業継続の目標に依存する．

費用を投入すればするほど，事業の頑健性は増す．しかしながら，実際には限られた投資の中で，対応の優先順位に従って対策を選定し，ある部分はリスクを保有せざるを得ない．また，大規模な設備投資を行うばかりではなく，運

用による効果的な対策を導き出すことも求められてくるであろう．

BCPで掲げる目標と対策は，常に対をなす．さらには，今すぐに実現を目指す目標もあれば，中期的に事業基盤を強化していく上での理想とする目標もある．事業継続対策を実施することが，平時の事業効率を損なうようでは意味がない．合理的な対策レベルを説明する価値基準を明らかにしておくことによってのみ，市場や事業に関係するステークホルダから信頼を獲得することができる．

5.4.1 対策検討のフレームワーク

事業継続のための対策の検討は，表 5.4 に示すフレームワークに従うことで漏れなく考慮できる．

組織が取り得る選択肢は，実際には限られたものである．この対策検討の視点は，表に示す四つに分類できる．

① 予防策の実施

　リスクに対する対応力を高めるため，事前に実行可能な活動を実施する

表 5.4 事業継続のための対策検討のフレームワークと内容の例

		予防策の実施	多重性の確保	支援策の確保	代替策の確保
対象経営資源	人員	■マニュアル整備 ■教育訓練 ■参集拠点の整備	■複数拠点での操業 ■多能工化	■他拠点からの支援要員の投入 ■システム導入による活動支援 ■災害時活動のための備蓄品	
	原材料 資機材 設備	■建屋・設備の補強	■複数拠点操業 ■複数設備操業	■臨時拠点の確保 ■予備機スタンバイ ■補修部品ストック ■予備動力の確保	■設備の移動 ■代替プロセス 　設備の調達
	資金	■災害時コミットメントラインの確保 ■流動性の目標管理	■資金調達の多様性確保	■地震保険加入，地震債権化 ■災害時発動型融資スキームの組成など	
	情報	■設備の分散	■並列運用	■データリカバリー	■代替プロセス検討 ■データ再構築
	ロジスティックス	■戦略在庫の確保	■複数経路確保 ■分散在庫	■緊急時調達計画	■代替輸送手段・ 　経路の確保

こと.
② 多重性の確保
平時の業務遂行能力の複線化を図り,事業の頑健性を高めること.
③ 支援策の確保
緊急時において,平時の業務活動を支援できる対策を準備しておくこと.
④ 代替策の確保
緊急時には,平時とは異なる形での業務遂行を実現すること.

BIAによってボトルネックを導き出す中で,経営資源がどのようなダメージを被る可能性があるかを整理し,これら四つの視点のいずれか,あるいは複数を組み合わせることで対策内容は決定されてくる.

対策を検討するにあたっては,対策実施に要する人員,期間,予算の制約をいったん取り除いて柔軟なブレーンストーミングを行い,多くのアイディアの中から,実行可能な内容を絞り込んでいくアプローチをとることが効果的である.この過程の中から,費用対効果に優れた対策を見いだすことができるであろう.

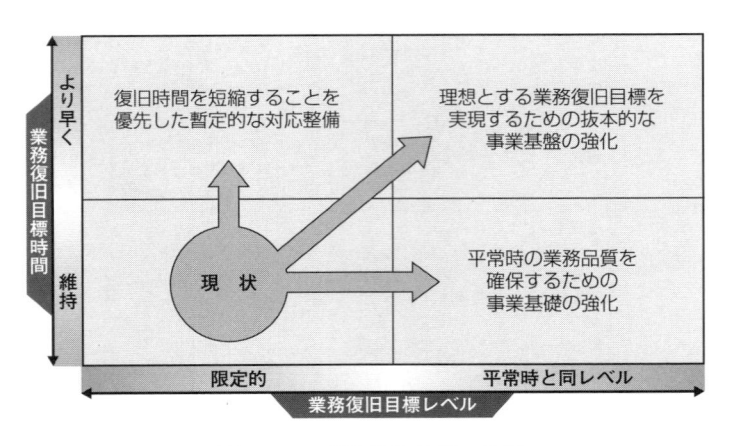

図 5.12 事業継続対策の分類

5.4.2 対策選定の論点

事業継続対策は，図 5.12 に示すように，現状からより早い業務の回復を目指す対策，業務水準を平時に近づけるための対策，及び，その両者を目指す大規模な対策に分類される．選択肢として掲げられる対策が，何を目的としているかを明確にし，実施可能な対策を組み合わせた施策オプションを組成していくことが必要となってくる．

理想的には，図 5.13 に示すとおり，対策投資と，投資によって実現可能な事業上の損失の最小化との間には均衡点が期待される．しかし，現実は不連続な状況にあり，このように連続的な評価をすることは不可能である．そこで論点を整理した上で，いくつかの対策群を束ねた施策オプションを複数立案し，どれを選択するかの議論を行うことになる．

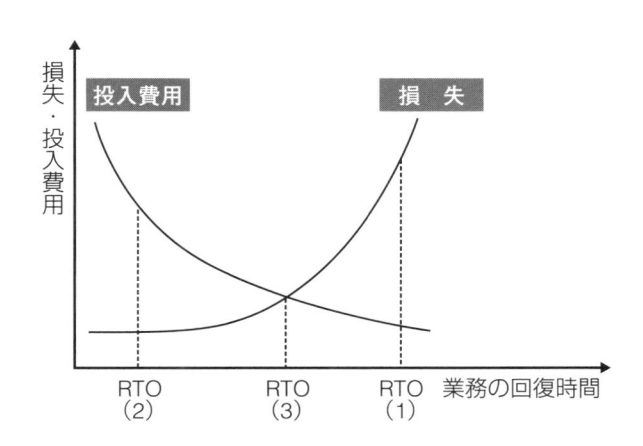

図 5.13 対策の費用対効果の均衡

対策を選定する上では，次に示す五つの内容を明確にしておく．
① 対策によって向上する具体的な効果
② 対策を実施するための費用
③ 対策導入の容易さ／平時の事業効率への影響
④ 競合する組織の動向

⑤ 市場のポジション／社会的な位置づけ

行政や，電力・ガス・通信・鉄道・金融・医療分野など社会インフラを担い，緊急時においても一定の機能を維持することが期待される公益性の高い企業は，社会的使命に基づいて最低限，実現しておかなければならない対策を実施する必要性に迫られる．

一方で，その他の組織の事業継続の必要性は，相対的な評価に照らして行われる場合が多い．営利企業であれば，同業他社との比較，具体的には競合に対して優位な地位を獲得できるか，自社だけが取り残されることはないかが，重要な意思決定の基準となってくる．そのために，平時の事業遂行能力への回復目標を2週間，1か月，2か月などといくつかの段階に区分して検討を行い，転注や乗換のリスクを勘案する．設備投資や安全在庫の保有など，事業の回復目標の段階に応じて投資規模が"決定的に異なってくる"ケースを想定し，この期間に応じて"市場が待ってくれるか"を，事業部門のトップやマネージャークラスの専門家判断によって議論する場合が多い．日ごろから市場に相対している知見に基づけば，ほぼ疑問のはさむ余地なく目標が導出されるのが実情といえよう．

競合などの比較対象企業を具体的に設定し，"事態回復後に負けない"組織を目指すために，目標達成によって守るべき主力製品・サービス，戦略的製品・サービス，高粗利製品・サービスなどの強みを定義づけておくことが，論点の明確化につながる．

5.4.3 対策の応用性

BCPを保有することの一番の重要な点は，行動目標を共有することにある．

計画文書内で，ある状況下での確定的な手順を詳しく定めていたとしても，実際の危機が事前想定どおりに発生するとは限らない．細部まで特定の事業環境条件にこだわった計画を，コストをかけて綿密に検討しても，前提が崩れてしまうことで意味がなくなってしまうような内容は適切といえない．

事業継続対策として，平時と異なる代替の手段を定めている場合は，この内

容を事前に明らかにし習熟しておくことが必要である．他方，日々の業務については業務分掌や職務規程，作業マニュアルなどが準備されているはずである．多くの場合，危機発生の状況に応じた臨機応変の対応によって事態を乗り越えていくことになる．このとき，最も重要なことは組織内に確立された行動目標の存在となる．事前に準備しておかなければならない設備対策や資金繰り対応に対し，実際の緊急時には人的運用策が鍵となる．"そこに到達するための確定的な手順"ではなく，"何を達成すべきかのゴール"を明確に定め，意識を共有しておくことによってのみ，混乱を回避し円滑に組織力を発揮することができる．

　地震を代表的な脅威として想定するような短期的な対応においては，図5.14に示すように，"いつまでに"，"何を"，"どの水準で"実現するか，一連の維持・回復させるべき業務機能の優先順位を，時系列に沿って明確にしておくことがBCPの胆となり対策を活かすことになる．目標が明確であれば，担当部署の創意工夫が期待できる．目標を組織に浸透させ，この実現を組織的に日々検証していく仕組みが，BCMといえる．細かな手順書などは，検証の訓練によって順次つくり上げていけばよい．

　他方，新型インフルエンザ・パンデミックへの対策計画のように，対応が長期に渡り，実際の状況予測も専門家によって異なるような不確実性のある事態

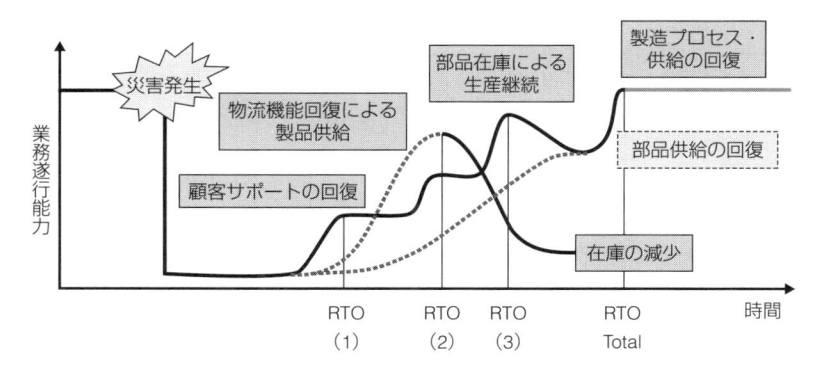

図5.14　業務復旧目標としての複数のマイルストーン（製造業の例）

を想定した場合，あらゆる被害シナリオを想定しておくことは不可能となる．このようなときには，いくつかの対策をオプションとして保有し，同時に表5.5に例示するような，適用に際しての運用判断基準を定めておくことが効果的である．

最も重篤な状況を想定した場合の一連の対策群を定め，実際の緊急時には，いつ，個々の対策を発動するか，判断を行う上での論点を整理しておく．あらかじめ柔軟な運用対応を前提とした対策こそ，緊急時に有効に機能する．

表 5.5　新型インフルエンザ対策行動計画適用時の運用判断基準例

□感染の状況 　◆感染の範囲・地域，感染者の属性 　◆感染拡大の速度 　◆毒性，重篤性，類似ウイルス免疫 □発生の時期 　◆春夏（多湿）か秋冬（乾燥）か 　◆決算月，株主総会 　◆システム・設備の移行・更新，定期補修 □外部の動向 　◆行政の判断・要請内容 　◆業界団体の方針 　◆他社動向	□自社の状況 　◆社会的要請 　　社会機能維持にかかわる業務か 　　自社の判断で停止できるか 　◆市場の特性 　　・自社製品のシェア 　　・他社製品の代替性 　　・スイッチングのリスク 　◆生産拠点の特性（製造業） 　　・早期停止が可能か 　　・稼働再開は容易か 　　・在庫の状況 　　・修理・メンテナンス体制 　◆取引先の要請 　　・SLA締結状況，納期調整の可能性，契約責任の有無

■コラム　要請から交渉へ，交渉から合意へ，合意の先には

ある米国製造業の調達担当者は思う．（日本の自然災害リスクは，世界的に見ても突出している．このまま基幹部品を日本に依存しきっていて，本当に大丈夫なのであろうか）．

米国取引先：「今の主力生産拠点から 300 km 以上離れた所に，バックアップ拠点をつくってほしい．また，四半期分の安全在庫を確保してくれないか」

2001 年，DR（Disaster Recovery）から BC（Business Continuity）へと世界的に意識が大きく変化してから，上記のように，日本企業の担当者が絶句してしまうような取引先からの要請がくることも珍しくない．

得意分野に資源を集中し，原材料を供給するサプライヤーとも協力しながら，競争力を維持してきた事業．しかしながら，事業の効率性と頑健性を天秤で量るとき，研ぎ澄まされたバリューチェーンは諸刃の剣となる．

あなた：「我々は，事業継続を脅かすリスクをこのように評価している．万一の場合も，業務の復旧目標をこのように定めており，現在の事業資源を運用することで期待に応えられるはずだ」

事業の頑健性を確保するために，平時の事業効率を著しく劣化させることはできない．事業の信頼性を合理的に説明し，交渉することで適切な事業継続水準を見いだす．ただし，この実現のために自らができることは半分に過ぎず，残りの半分は，協力関係にあるパートナー企業とも調整しなければならない．ネットワーク型社会の事業管理は，常に，関係者と交渉し，合意を目指す連続だ．

リスクが顕在化したときに，100％安心できる BCP など存在しない．

BCMにまつわる規格やガイドラインは，BCPの内容を保証するものではなく，その水準を合理的に推察することを支援しているに過ぎない．BCMに正解はなく，"これで終わりです"といえるゴールを定義できないゆえんである．

　事業リスクへの対応を市場や取引先に積極的に訴求し，納得感のある信頼を獲得することで組織価値を高める．バリューチェーンを介して波及してくる外圧への対応の時代は過ぎ去り，BCMの取組が平時にも効果を発揮するよう，その戦略性が求められる時代となった．

あとがき

　本書は，ISO 31000 の考え方を中心としてリスクマネジメントの諸問題への適用について説明を行ったものである．本書に示した事例は，新事業，調達，与信，情報，安全というアプローチが異なる五つの分野に対するものである．さらに，大きなトラブルに見舞われたときに，事業を継続していくという組織にとって重要なリスク対応について，別章立てで書き起こした．

　本書の説明において取り上げた適用法や事例は，この事例のとおりに実践すべきであるということを述べているのではない．あくまでも一つの事例と考えていただきたい．

　本書で示したかったのは，事例を通じてリスクマネジメントの本質を理解することであり，その具体的な目標や活動の内容は，それぞれの組織で異なってもよいということである．

　組織もリスクも時代とともに変化をする．したがって，リスクマネジメントを自組織でどのように適用していくかは，その組織のリスクマネジメントに対する理解度や必要性，さらには，対象とする重要なリスクの内容によっても異なってくる．

　リスクマネジメントは，社会や組織の進歩に合わせて進化しなくてはならない．10 年前に発行した『リスクマネジメントガイド』（日本規格協会）を本書に改訂したのも，そのためである．

　リスクマネジメントのような適用範囲の広いマネジメントは，本質を理解しその理解に基づき具体的な対応の仕組みを構築し運営をする中でリスクマネジメントの理解を深め，さらによい仕組みづくりへ続けていくことにより，高度化されていくものである．

　また本書では，経営と現場が一体となりマネジメントを実施していく仕組みを提案している．リスクマネジメントは，組織の目的の達成を支援するもので

ある．その意味では，リスクマネジメントは，当然のごとく組織で一体的に実施されるものでなくてはならない．

しかし，実態は経営者と現場の関心事は必ずしも同じとは限らない．ここにリスクマネジメントの難しさがある．本書では，この問題に対する対応を ISO 31000 の考え方に基づき整理した．

本書が，自組織に見合ったリスクマネジメントを実践しようと努力されている方々の理解の促進に少しでも役立てれば幸いである．

野口　和彦

参考文献

1) ISO 31000：2009　Risk Management — Principles and guidelines
2) ISO Guide 73：2009　Risk Management — Vocabulary
3) リスクマネジメント規格活用検討会（2010）：ISO 3100：2009 リスクマネジメント解説と適用ガイド，日本規格協会
4) 野口和彦(2009)：JSQC 選書 8　リスクマネジメント—目標達成を支援するマネジメント技術，日本規格協会

索　引

【A-Z】

AHP　　44
BCM　　125
BCP　　125
　——文書　　132
BIA　　133
CBR　　42
CPX　　130
EaR　　28, 29
FX　　130
Hazop　　57
ISO 31000　　12
ISO/IEC 27001　　99
ISO/IEC 27002　　99
ISO/IEC Guide 73　　12
negative consequence　　23
NPV　　28, 29
PDCAサイクル　　128
PEST分析　　54
positive consequence　　23
RLO　　131
RTO　　131
TTX　　130

【あ　行】

アカウンタビリティ　　81
アクションプラン　　127
安全目標　　105
意思決定　　14, 129
　——者　　14
移転　　32
イノベーション力　　83
運用判断基準　　150

影響規模　　30
オプション思考　　87

【か　行】

階層分析法　　44
回避　　31
外部環境　　52, 54
外部リスク　　62
格付け機関　　96
価値基準　　127
価値創造　　15
可用性　　99
監視　　31
完全性　　99
機会　　38
危機管理　　32, 120
　——計画　　33
机上シミュレーション　　129, 130
機密性　　99
脅威　　140
教育体制　　35
業務維持目標　　144
業務遂行能力　　131
業務的リスク　　25
　——マネジメント　　32
業務復旧目標　　127, 131, 143, 149
共有　　31, 32
金銭価値　　116
クライシスマネジメント　　32, 120
経営資源　　138
経営目標　　49
軽減策　　32
結果　　20, 21

検証訓練　128
コアリスク　62
行動目標　148
国際電気標準会議　12
国際標準化機構　12
コスト・ベネフィット率　42
好ましい影響　13
好ましい結果　23
好ましくない影響　13
好ましくない結果　23
コミュニケーション　35
コンティジェンシープラン　33

【さ　行】

サービサー　96
債権回収専門会社　96
削減策　31
産業災害防止論　19
残留リスク　32
指揮所訓練　130
事業影響分析　126, 133
事業継続計画　33, 125
事業継続対策　144
事業継続マネジメント　33, 125
事業方針　26
実施体制　36
シナリオ　41
社会的信頼性　112
社会的に受容　40
重要業務　127
詳細アプローチ　101
情報リスク　98
信用調査会社　96
ステークホルダ　17
戦略的リスク　25
　──マネジメント　29
操業度　131

組織の風土　47

【た　行】

タスクフォースチーム　70
チャンス　38
調達リスク　89
低減　31
　──策　31
展示訓練　130
透明性　17

【な　行】

内部環境　52
内部リスク　62
ノンコアリスク　62

【は　行】

ハインリッヒ　19
パフォーマンス評価　47
ばらつき　24
バリューチェーン　133
被害シナリオ　127, 138
ビジネスモデル　86
費用対効果　40
不測事態対応計画　33
復旧目標時間　131
復旧目標レベル　131
米国原子力委員会　19
ベースラインアプローチ　100
便益　40, 62
ポートフォリオマネジメント　27
ボトルネック　127, 139
保有　31

【ま　行】

マーケティング　123

【や　行】

優先順位　46
与信リスク　93

【ら　行】

ランク評価　58
リアルオプション　87
リグレット　43
リスク　18, 20, 23
　──アセスメント　52
　──オーナー　69
　──管理台帳　64
　──基準　39, 118
　──コミュニケーション　108
　──対応　39
　──特定　38, 54
　──の洗い出し　54
　──の要素　20
　──評価　39
　──ファクター　30
　──分析　13, 39
　──分類　56
　──・ベネフィット分析　62
　──マップ　30
　──マネジメントシステム　36
　──マネジメントプログラム　47
　──マネジメントプロセス　52
　──マネジメント方針　46
リソース　18, 71
　──の配分　71

リスクマネジメントの実践ガイド
―― ISO 31000 の組織経営への取り込み

定価：本体1,800円（税別）

2010年 3月30日	第1版第1刷発行
2021年 4月 9日	第7刷発行

編　　著　株式会社三菱総合研究所
　　　　　実践的リスクマネジメント研究会
発 行 者　揖斐　敏夫
発 行 所　一般財団法人 日本規格協会
　　　　　〒108-0073　東京都港区三田3丁目13-12　三田MTビル
　　　　　https://www.jsa.or.jp/
　　　　　振替　00160-2-195146
製　　作　日本規格協会ソリューションズ株式会社
印 刷 所　株式会社平文社
製 作 協 力　株式会社大知

© Kazuhiko Noguchi, et al., 2010　　　　　　　　　Printed in Japan
ISBN978-4-542-70163-2

```
● 当会発行図書，海外規格のお求めは，下記をご利用ください．
　JSA Webdesk（オンライン注文）：https://webdesk.jsa.or.jp/
　通信販売：電話 (03)4231-8550　FAX (03)4231-8665
　書店販売：電話 (03)4231-8553　FAX (03)4231-8667
```